Kieser
Apothekenrecht

Apothekenrecht

Einführung
und
Grundlagen

Von
Dr. Timo Kieser

Deutscher Apotheker Verlag Stuttgart

OPPENLÄNDER Rechtsanwälte
Dr. Timo Kieser
Altenbergstr. 3
70180 Stuttgart
0711/60 18 72 30

Bibliografische Information Der Deutschen Bibliothek
Die Deutsche Bibliothek verzeichnet diese Publikation in der Deutschen Nationalbibliografie;
detaillierte bibliografische Daten sind im Internet unter http://dnb.ddb.de abrufbar.

ISBN-10:   3-7692-4040-5
ISBN-13: 978-3-7692-4040-5

© 2006 Deutscher Apotheker Verlag Stuttgart
Birkenwaldstr. 44, 70191 Stuttgart, Printed in Germany
Satz: DTP + TEXT Eva Burri, Stuttgart
Druck: Hofmann, Schorndorf
Umschlaggestaltung: Atelier Schäfer, Esslingen

Inhaltsverzeichnis

Abkürzungsverzeichnis

ApoG	Apothekengesetz
A	Apotheke
a.A.	anderer Ansicht
a.a.O.	am angegebenen Ort
a.F.	alte Fassung
ABDA	Bundesvereinigung Deutscher Apothekerverbände
Abs.	Absatz
AG	Aktiengesellschaft
AG	Amtsgericht
AGVwGO	Ausführungsgesetz zur Verwaltungsgerichtsordnung
AMG	Arzneimittelgesetz
AMPreisVO	Arzneimittelpreisverordnung
AMWebVE	Arzneimittel-Webseitenverordnung
ApBetrO	Apothekenbetriebsordnung
ApBetrO-E	Apothekenbetriebsordnung Änderungsentwurf
Art.	Artikel
Aufl.	Auflage
AWA	Allensbacher Werbeträgeranalyse
AZ	Apothekerzeitung
Az.	Aktenzeichen
BApO	Bundesapothekerordnung
BGB	Bürgerliches Gesetzbuch
BGB-InfoVO	Verordnung über Informationspflichten nach bürgerlichem Recht
BGBl.	Bundesgesetzblatt
BGH	Bundesgerichtshof
BGHZ	Entscheidungen des Bundesgerichtshofs in Zivilsachen
BO	Berufsordnung
BSG	Bundessozialgericht
BT-Drucks.	Bundestags-Drucksache
BR-Drucks.	Bundesrats-Drucksache
BVerfG	Bundesverfassungsgericht
BVerfGE	Entscheidungen des Bundesverfassungsgerichts
BVerwG	Bundesverwaltungsgericht
BVerwGE	Entscheidungen des Bundesverwaltungsgerichts
bzw.	beziehungsweise
Ca.	Circa

DAC	Deutscher Arzneimittel-Codex
DAZ	Deutsche Apotheker Zeitung
ders.	derselbe
DM	Deutsche Mark
DWW	Deutsche Wohnungswirtschaft
€	Euro
e.V.	eingetragener Verein
EG	Europäische Gemeinschaft
EGV	Vertrag über die Gründung der Europäischen Gemeinschaft
Einf.	Einführung
etc.	et cetera
EU	Europäische Union
EuGH	Europäischer Gerichtshof
f.	fortfolgend
ff.	fortfolgende
GG	Grundgesetz
GKV-Modernisierungsgesetz	Gesetz zur Modernisierung der gesetzlichen Krankenversicherung
GRUR	Gewerblicher Rechtschutz und Urheberrecht
GRUR Int.	Gewerblicher Rechtschutz und Urheberrecht Internationaler Teil
GewO	Gewerbeordnung
H	Zu versorgendes Heim
HeilPraktG	Heilpraktikergesetz
HGB	Handelsgesetzbuch
HIV	human immunodeficiency virus
Hs.	Halbsatz
HWG	Heilmittelwerbegesetz
i.V.m.	in Verbindung mit
i.d.F.	in der Fassung
KG	Kammergericht
km	Kilometer
LG	Landgericht
LRE	Sammlung lebensmittelrechtlicher Entscheidungen
LVwVfG	Landesverwaltungsverfahrensgesetz
m.w.N.	mit weiteren Nachweisen
MarkenG	Markengesetz
MD	Magazin Dienst
MedR	Medizinrecht
NJW	Neue Juristische Wochenschrift
NJW-RR	Neue Juristische Wochenschrift Rechtsprechungs-Report

Nr.	Nummer
o.ä.	oder ähnliches
OHG	Offene Handelsgesellschaft
OLG	Oberlandesgericht
OTC-Arzneimittel	Over the counter-Arzneimittel
OVG	Oberverwaltungsgericht
PKA	pharmazeutisch-kaufmännische Assistenen
PTA	pharmazeutisch-technische Assistenten
PZ	Pharmazeutische Zeitung
PZN	Pharmazentralnummer
qm	Quadratmeter
Rdnr.	Randnummer
RGBl	Reichsgesetzblätter
Rn	Randnummer
S.	Seite
s.	siehe
SGB	Sozialgesetzbuch
Slg.	Sammlung
SPD	Sozialdemokratische Partei Deutschlands
StGB	Strafgesetzbuch
UPS	United Parcel Service Inc.
UWG	Gesetz gegen unlauteren Wettbewerb
VerschreibungsVO	Verschreibungsverordnung
VG	Verwaltungsgericht
VGH	Verwaltungsgerichtshof
Vgl.	Vergleiche
VwGO	Verwaltungsgerichtsordnung
WRP	Wettbewerb in Recht und Praxis
Ziff.	Ziffer
ZPO	Zivilprozessordnung

1. Teil: Grundlagen

A. Apotheken in Deutschland

Nach dem Apotheken-Wirtschaftsbericht 2004 der ABDA[1] gab es Ende 2004 21.392 öffentliche Apotheken. Ende 2003 waren es 21.305. Zum ersten Mal gab es damit seit dem Jahr 2000 (21.597 Apotheken) einen Zuwachs an Apotheken. Die 21.392 öffentlichen Apotheken splitten sich in 20.760 Einzelapotheken und 632 Filialapotheken auf. Von den 632 Filialapotheken sind 227 neu gegründet worden, 405 wurden als vormals eigenständige öffentliche Apotheke übernommen. Beschäftigt in öffentlichen Apotheken waren zum 31.12.2004 136.804 Personen gegenüber 137.148 Mitarbeitern zum 31.12.2003. Die Beschäftigtenzahl ist damit trotz der Zunahme der Apotheken nach wie vor konstant rückläufig.

Signifikant sind die Auswirkungen der Gesundheitsreform bei den Mengenentwicklungen. Während es 2003 1.207 Mio. Packungen verordneter Arzneimittel gab, waren es 2004 nur noch 845 Mio. Packungen. Die grundsätzliche Herausnahme der OTC-Arzneimittel aus der Erstattungspflicht durch die Krankenkasse macht sich hier bemerkbar. Demgegenüber ist die Selbstmedikation nicht im gleichen Umfang angestiegen. 638 Mio. Packungen waren es im Jahr 2003, 651 Mio. Packungen im Jahr 2004. Der Rückgang der abgegebenen Verpackungen macht sich auch bei dem Gesamtumsatz der Apotheken bemerkbar. Er betrug im Jahr 2004 32,5 Mrd. € gegenüber 33,6 Mrd. € im Jahr 2003. Korrespondierend hierzu hat die gesetzliche Krankenversicherung im Jahr 2004 nur 20,3 Mrd. € für Arzneimittel ausgegeben, im Jahr 2003 waren es noch 22,8 Mrd. €. Die Arzneikostenzuzahlungen stiegen hingegen von 1,73 Mrd. € auf 2,3 Mrd. € an. Die Gesundheitsreform hinterlässt durch die beschränkte Erstattung von Arzneimitteln durch die gesetzliche Krankenversicherung, Einführung der Praxisgebühr, die generell zu weniger Verschreibungen führt und Arzneimittelzuzahlungen auch bei den Apotheken ihre Spuren.

---

1 Bundesvereinigung Deutscher Apothekerverbände, zusammengefasst von *Ditzel,* DAZ 2004, 2028 ff.

B. Aufgabe des Apothekers

Den Apotheken obliegt nach § 1 Abs. 1 ApoG die im Öffentlichen Interesse gebotene Sicherstellung einer ordnungsgemäßen Arzneimittelversorgung der Bevölkerung. Es handelt sich dabei um eine öffentlich-rechtliche Pflicht[2].

Zur Erfüllung dieser Pflichten existieren auf europäischer und nationaler Ebene eine Vielzahl von Sonderregelungen. So ist europarechtlich anerkannt, dass die Rechtsgüter Leben und Gesundheit im Konfliktfall dem Interesse an einem freien Warenverkehr vorgehen[3].

§ 43 AMG normiert für Arzneimittel ein grundsätzliches Abgabemonopol zugunsten der Apotheken[4]. Arzneimittel, die nicht durch die Vorschriften des § 44 oder der nach § 45 Abs. 1 AMG erlassenen Rechtsverordnung für den Verkehr außerhalb der Apotheken freigegeben sind[5] (= apothekenpflichtige Arzneimittel), dürfen berufs- oder gewerbsmäßig für den Endverbrauch nur in Apotheken und ohne behördliche Erlaubnis nicht im Wege des Versandes in den Verkehr gebracht werden. § 47 AMG sieht für einige wenige Arzneimittelgruppen einen Direktvertriebsweg an die anwendenden Berufsgruppen vor. Gemäß § 43 Abs. 1 S. 2 AMG darf außerhalb der Apotheken mit apothekenpflichtigen Arzneimitteln grundsätzlich auch kein Handel getrieben werden[6].

---

2   BVerfGE 17, 232, 239 f.; *Dettling/Kieser*, in: *Herzog/Dettling/Kieser/Spielvogel*, Filialapotheken 2004, S. 76 f.

3   EuGH, GRUR Int. 2004, 80 ff. Doc-Morris. Nach Art. 30, 46, 55 EGV gehen Leben und Gesundheit den Grundfreiheiten vor; siehe auch EuGH, Urteil vom 07.03.1989, Slg. 1989, 617, 638 Rdnr. 17 – Schumacher; außerdem ist bei der Festlegung und Durchführung aller Gemeinschaftspolitiken und Gemeinschaftsmaßnahmen ein hohes Gesundheitsschutzniveau sicherzustellen.

4   Zweck des Apothekenmonopols ist der Schutz der öffentlichen Gesundheit und die Verhinderung eines Arzneimittelmissbrauchs, vgl. auch BVerfGE 9, 73, 79; siehe auch *Cyran/Rotta*, Apothekenbetriebsordnung, Stand: Januar 2005, § 17 Rdnr. 20 ff.

5   Sog. Freiverkäufliche Arzneimittel, die auch in Drogerien, Drogeriemärkten oder Supermärkten in den Verkehr gebracht werden dürfen, sofern ein Mitarbeiter über einen Sachkundenachweis gem. § 50 AMG verfügt.

6   Ausnahmen gelten für die tierärztliche Hausapotheke nach § 43 Abs. 4 AMG und den genannten Sondervertriebsweg des § 47 AMG.

C. Fremdbesitzverbot und beschränktes Mehrbesitzverbot

Wesentliche Säulen des Apothekenwesens sind das Fremdbesitzverbot und das beschränkte Mehrbesitzverbot. Das Apothekengesetz untersagt es Nicht-Apothekern, Apotheken zu besitzen oder zu betreiben und reglementiert außerdem die Anzahl der Apotheken, die ein Apotheker betreiben darf, und ihre Entfernungen zu einander.

Ursprünglich war eine Niederlassungsbeschränkung für Apotheker angedacht worden. Nach dem bayerischen Gesetz über Apothekenwesen vom 16.06.1952 sollte für eine neu zu errichtende Apotheke die Betriebserlaubnis nur erteilt werden, wenn die Errichtung der Apotheke zur Sicherung der Versorgung der Bevölkerung mit Arzneimitteln im öffentlichen Interesse liegt und anzunehmen ist, dass ihre wirtschaftliche Grundlage gesichert ist und durch sie die wirtschaftliche Grundlage der benachbarten Apotheken nicht so weit beeinträchtigt wird, dass die Voraussetzungen für den ordnungsgemäßen Apothekenbetrieb nicht mehr gewährleistet sind.

Mit der Erlaubnis konnte die Auflage verbunden werden, die Apotheke im Interesse einer gleichmäßigen Arzneiversorgung in einer bestimmten Lage zu errichten. Durch die Beschränkung der Niederlassung von Apotheken sollte deren Leistungsfähigkeit gesichert und eine Gefährdung des Bestands schon vorhandener Apotheken verhindert werden. Das Bundesverfassungsgericht hat diese objektive Beschränkung der Berufsausübung in seinem bekannten Apothekenurteil[7] für verfassungswidrig erklärt. Es hat gleichzeitig die Voraussetzungen, wann in welchem Maße in die Berufsausübungsfreiheit durch Gesetz eingegriffen werden kann, in der sogenannten Drei-Stufen-Lehre konkretisiert. Objektive Beschränkungen der Niederlassungsfreiheit, wie sie der Freistaat Bayern anstrebte, sind also auf dem Gebiet des Apothekenrechts nicht verfassungsgemäß.

Durch das Gesetz über Apothekenwesen aus dem Jahr 1960 hat der Gesetzgeber letztlich die Regelungen eingeführt, die noch heute weitgehend Gültigkeit haben. Er geht von der persönlichen Leitung der Apotheke durch einen Apotheker und dessen persönlicher Verantwortlichkeit aus. Das Bundesverfassungsgericht hatte 1964 zu beurteilen, ob das Fremd- und damals uneingeschränkte Mehrbesitzverbot mit Art. 12 Abs. 1 GG –Grundrecht auf Berufsfreiheit – vereinbar ist. Wörtlich hat es hierzu ausgeführt[8]:

„Die Erfüllung dieser für die Volksgesundheit wichtigen öffentlichen Aufgaben hält der Gesetzgeber am besten dann für gewährleistet, wenn die einseitige

---

7   BVerfGE 7, 377 ff.
8   Vgl. BVerfGE 17, 232, 240.

Verantwortung für den Betrieb der Apotheke in einer Hand liegt, wenn also dem ausgebildeten Apotheker, der für die Erfüllung der öffentlich-rechtlichen Aufgaben einzustehen hat, auch das Eigentum an der Apotheke zusteht. Der Gesetzgeber will es vermeiden, dass die Erfüllung der mit dem Betrieb einer Apotheke verbundenen öffentlichen Aufgaben und das privatrechtliche Eigentum und der Besitz an dem Apothekenbetrieb auseinanderfallen. Danach ist das Leitbild des Gesetzgeber der ‚Apotheker in seiner Apotheke'. Auf dieser Grundanschauung hat er dem selbständigen Apotheker die Verpflichtung zur persönlichen Leitung der Apotheke in eigener Verantwortung auferlegt (§ 7 Satz 1) und ihn auf den Betrieb nur einer Apotheke beschränkt (§ 3 Nr. 5). Aus dieser Konzeption heraus schließt das Gesetz die Verwaltung von Apotheken fast ganz aus und beschränkt die Verpachtung auf wenige Ausnahmen."[9]

In der genannten Entscheidung formulierte das Bundesverfassungsgericht weiter[10]:

„Es mag sein, dass unter besonderen Umständen ein Apotheker zwei oder auch drei nahe beieinander liegenden Apotheken unter voller persönlicher Verantwortung selbst leiten kann.".

Das Vielbesitzverbot, welches die Anzahl der Apotheken, die ein Apotheker betreiben kann, zahlenmäßig beschränkt und den Tätigkeitsbereich des Apothekers auf einen bestimmten räumlichen Bereich festlegt[11], trägt diesen Ausführungen Rechnung. Denn die Darlegungen des Bundesverfassungsgerichts haben nach wie vor Gültigkeit. Ein Apotheker übt immer noch einen freien Beruf aus[12]. Einer Aushöhlung der Freiberuflichkeit sowie einer Konzentration im Apothekenwesen, die die Freiberuflichkeit gefährden könnte, wirkt das Fremdbesitzverbot ent-

---

9   Vgl. zum Fremd- und Mehrbesitzverbot auch: *Zuck/Lenz,* Der Apotheker in seiner Apotheke, S. 78 ff.; *Starck,* Die Vereinbarkeit des apothekenrechtlichen Fremd- und Mehrbesitzverbotes mit den verfassungsrechtlichen Grundrechten und dem gemeinschaftlichen Niederlassungsrecht, 1999, S. 22, 26; *Dettling/Lenz,* Der Arzneimittelvertrieb in der Gesundheitsreform 2003 – Eine apotheken- und verfassungsrechtliche Analyse des GMG-Entwurfs, S. 194 ff.; *Dettling/Kieser,* in: *Herzog/Dettling/Kieser/Spielvogel,* a.a.O., S. 104 ff., die alle das Fremdbesitzverbot für verfassungsmäßig halten. Anderer Auffassung: *Taupitz,* Das apothekenrechtliche Verbot des Fremd- und Mehrbesitzes aus verfassungs- und europarechtlicher Sicht 1998; *Taupitz/Schelling,* NJW 1999, 1751 ff.

10   BVerfGE 17, 239, 245.

11   Zu den Voraussetzungen zum Betrieb von Filialapotheken siehe ausführlich unten S. 31. Im GMG-Entwurf vom 09.05.2003 war noch vorgesehen, fünf Apotheken ohne jede räumliche Beschränkung betreiben zu können, vgl. hierzu *Dettling/Lenz,* Arzneimittelvertrieb, S. 197 ff.; vgl. auch den Vorentwurf BT-Drucks. 15/1170 vom 16.06.2003 von SPD und BÜNDNIS 90 Die Grünen, der eine völlige Aufhebung des Mehrbesitzverbotes vorsah.

12   Vgl. etwa BVerfGE 94, 372, 391.

gegen. Dessen ungeachtet bietet die Auflockerung des strengen Mehrbesitzverbotes und gerade auch die Zulassung des Versandhandels[13] neue Gelegenheit, das Fremd- und beschränkte Vielbesitzverbot einer weiteren verfassungsgerichtlichen Grundsatzklärung zuzuführen[14].

Außerdem könnte eine gemeinschaftsrechtliche Überprüfung angestrebt werden. So hat sich der Europäische Gerichtshof[15] mit der Vereinbarkeit des Fremd- und Mehrbesitzverbots für Optiker in Griechenland beschäftigt. Das Urteil ging auf eine Vertragsverletzungsklage der Kommission zurück. In Griechenland durfte ein Optiker nur ein Optikergeschäft betreiben, nicht aber mehrere. Juristische Personen, die sich in Griechenland niederlassen wollen, durften Optikergeschäfte nur in der Rechtsform der KG/oHG führen. Die erforderliche Genehmigung wurde dabei auf den Namen eines anerkannten Optikers als natürliche Person ausgestellt. Dieser musste mit mindestens 50 % an dem Gesellschaftskapital sowie an den Gewinnen und Verlusten der Gesellschaft beteiligt sein. Der betreffende Optiker durfte sich höchstens noch an einer anderen Optikergesellschaft beteiligen, sofern die Genehmigung für die Errichtung und den Betrieb des Optikergeschäfts auf den Namen eines anderen anerkannten Optikers ausgestellt worden war.

Griechenland hat das Fremd- und Mehrbesitzverbot damit gerechtfertigt, dass es aus im Allgemeininteresse liegenden zwingenden Gründen – dem Schutz der öffentlichen Gesundheit – geboten sei. Man habe ein persönliches Vertrauensverhältnis innerhalb des Geschäfts für den Verkauf optischer Artikel sowie eine unbegrenzte absolute Haftung des Optikers, Betreibers oder Eigentümers des Geschäfts bei Verschulden erhalten wollen. Nur der Optiker als Fachmann, der persönlich an dem Betrieb seines Geschäfts beteiligt sei, ohne seine körperlichen und geistigen Kräfte dadurch zu verzetteln, dass er mehrere Geschäfte betreibe, garantiere das angestrebte Ergebnis[16]. Mit dem Fremdbesitzverbot werde die Gefahr einer vollständigen Kommerzialisierung der Geschäfte für optische Artikel ferngehalten[17].

Der Europäische Gerichtshof hat geurteilt, dass beide Regelungen gegen die Niederlassungsfreiheit des Art. 43 EG verstoßen. Es genüge, festzustellen, dass das Ziel des Schutzes der öffentlichen Gesundheit mit Mitteln erreicht werden könne, die die Niederlassungsfreiheit sowohl natürlicher als auch juristischer Personen weniger einschränken, z.B. durch das Erfordernis, dass in jedem Optikergeschäft als Arbeitnehmer oder als Gesellschafter diplomierte Optiker anwesend sein müssen, durch die für die zivilrechtliche Haftung für das Verhalten eines

---

13   Dazu unten S. 66 ff.
14   Siehe hierzu *König/Meurer*, Apotheke & Recht 2004, 153 ff.
15   Vgl. Urteil vom 21.04.2005, Az. C-140/03; Arzneimittel & Recht 2005, 79 ff.
16   EuGH, Az. C-140/03, Arzneimittel & Recht, 2005, 79 ff. Erwägungsgrund 31.
17   EuGH, Az. C-140/03, Arzneimittel & Recht, 2005, 79 ff. Erwägungsgrund 33.

Dritten geltenden Vorschriften sowie durch Bestimmungen, die eine Berufshaft-pflichtversicherung vorschreiben.

Der Europäische Gerichtshof hält die Abwägung sehr kurz. Nach seiner Auffassung ist bei dem Fremd- und Mehrbesitzverbot für Optiker in Griechenland ein offensichtlicher Verstoß gegen die Niederlassungsfreiheit gegeben.

Diese Entscheidung kann Auswirkungen auf das Apothekenrecht haben. Aus ihr ergibt sich, dass Präsenzregelungen, wie sie in § 7 ApoG vorgesehen sind, gemeinschaftsrechtlich nicht zu beanstanden sind. Das Fremd- und Mehrbesitz-verbot für Apotheken ist an der Meßlatte der Niederlassungsfreiheit zu messen[18]. Der EuGH wird verstärkt in die Verhältnismäßigkeitsprüfung einsteigen. Dabei wird relevant sein, dass die Abgabe von Arzneimitteln mit wesentlich größeren Gefahren und Risiken verbunden ist, als die Abgabe von Sehhilfen. Während bei einer Fehldosierung oder fehlerhaften Abgabe von Arzneimitteln schwere Gesundheitsschäden oder gar der Tod drohen können, ist dies bei der fehlerhaften Abgabe von Sehhilfen kaum der Fall. Zudem lassen sich Fehler bei Sehhilfen meist problemlos korrigieren.

Der Optikerberuf ist im Gegensatz zum Apothekerberuf kein freier Beruf. Ein Optiker ist auch nicht Angehöriger eines akademisch ausgebildeten Heilberufs, sondern nur eines Heilhilfsberufs. Die Optikertätigkeit ist handwerklich ausgeprägt. Eine Rolle wird auch spielen, dass gemäß Art. 152 Abs. 5 EG die Mitgliedsstaaten die volle Zuständigkeit für die Organisation des Gesundheits-wesens und der medizinischen Versorgung haben. Diese geht so weit, dass sogar eine diskriminierungsfreie staatliche Monopolisierung der Arzneimittelabgabe europarechtlich nicht zu beanstanden ist[19]. Außerdem kann die wirtschaftliche Selbständigkeit des Apothekers wesentlich besser sichern, dass sich der Apothe-ker nicht von einem Gewinnstreben leiten lässt und die Gesundheit des Kunden im Focus seiner Beratung steht. Bei ausschließlich angestellten Apothekern wäre dies mit Blick auf die Umsetzung wirtschaftlicher Vorgaben durch die Unter-nehmensleitung nicht ohne weiteres gewährleistet[20].

---

18 Zum Teil wurde vertreten, es handele sich um eine reine Aufenthaltsmodalität, die aus dem Tatbestand der Niederlassungsfreiheit herausgenommen worden ist, vgl. hierzu *Zuck/Lenz*, Der Apotheke in seiner Apotheke 1999, Rdnr. 70.

19 EuGH, Urteil vom 31.05.2005 – C-438/02, Arzneimittel & Recht 2005, 76 f. – Hanner. In dieser Entscheidung hat sich der EuGH bei der Beurteilung des schwedischen staatlichen Arzneimittelmonopols nur mit Art. 31 Abs. 1 EG auseinandergesetzt und die von Schweden gewählte gesetzliche Regelung ausschließlich wegen der fehlenden Transparenz und Über-prüfungsmöglichkeit durch staatliche Gerichte für europarechtswidrig erklärt.

20 Siehe hierzu auch *Meyer*, Arzneimittel & Recht 2005, 82 f.

2. Teil: Die öffentliche Apotheke

Die Sicherstellung einer ordnungsgemäßen Arzneimittelversorgung der Bevölkerung, die den Apotheken als öffentlich-rechtliche Pflicht obliegt, bringt es mit sich, dass Eröffnung und Betrieb einer Apotheke stark reglementiert sind. Apothekengesetz und Apothekenbetriebsordnung regeln Eröffnung und Betrieb einer Apotheke sehr detailliert.

A. Die Eröffnung der Apotheke

Auch wenn ein Apotheker nicht nur Angehöriger eines freien Berufes, sondern auch Kaufmann ist[21], genügt eine Gewerbeanmeldung nicht, um eine Apotheke zu eröffnen. Es ist vielmehr eine Erlaubnis notwendig, die nur bei Vorliegen bestimmter persönlicher und sachlicher Voraussetzungen erteilt wird.

I. Allgemeine Erlaubnispflicht

Gemäß § 1 Abs. 2 ApoG bedarf, wer eine Apotheke und bis zu drei Filialapotheken betreiben will, der Erlaubnis der zuständigen Behörde. Nach § 1 Abs. 3 ApoG gilt die Erlaubnis nur für den Apotheker, dem sie erteilt ist und für die in der Erlaubnisurkunde bezeichneten Räume. Die Apothekenbetriebserlaubnis ist damit personen- und raumgebunden[22].

1. Antrag

Die Apothekenbetriebserlaubnis wird nur auf Antrag erteilt. Derjenige, der eine Apotheke eröffnen will, muss also selbst aktiv werden.

2. Zuständige Behörde

Die Apothekenbetriebserlaubnis erteilt nach § 1 Abs. 2 ApoG die zuständige Behörde. Wer die zuständige Behörde ist, bestimmt sich nach Landesrecht. In Baden-Württemberg ist dies beispielsweise das Regierungspräsidium[23]. Dort ist der Antrag zu stellen. In den meisten Bundesländern sind im Internet Informationen

---

21   BVerfGE 94, 372, 393.
22   Vgl. etwa *Schiedermair/Pieck*, Apothekengesetz, 3. Aufl. 1981, § 1 Rdnr. 112 ff.
23   Vgl. § 4 der Pharmazie- und Medizinprodukte-Zuständigkeitsverordnung vom 17.10.2002.

abrufbar, welche Unterlagen mit dem Antrag einzureichen sind und in was für einem Zeitrahmen mit Erteilung der Apothekenbetriebserlaubnis zu rechnen ist, wenn der Antragsteller die persönlichen und sachlichen Voraussetzungen erfüllt.

3. Umfang der Erlaubnispflicht

Die Erlaubnispflicht des § 1 Abs. 2 ApoG umfasst nach richtiger Auffassung nur den monopolisierten Tätigkeitsbereich des Apothekers, die Abgabe apothekenpflichtiger Arzneimittel[24]. Der Apotheker hat nach dem Willen des Gesetzgebers bewusst eine Doppelfunktion. Er gibt zum einen monopolisiert apothekenpflichtige Arzneimittel ab[25] und ist zum anderen Gewerbetreibender hinsichtlich des Angebots nicht apothekenpflichtiger Arzneimittel[26] und Waren des Apothekenrandsortiments und außerdem Dienstleister beispielsweise im Bereich chemisch-physiologischer Messungen[27]. Soweit er mit der Abgabe apothekenpflichtiger Arzneimittel letztlich eine öffentliche Aufgabe wahrnimmt, unterliegt er generell strengeren Restriktionen als im Bereich der nicht monopolisierten Tätigkeit. Das Arzneimittelmonopol für Apotheker und der damit bewirkte Konkurrenzschutz sind mit der Auferlegung erhöhter Berufspflichten, strengerer behördlicher Aufsicht[28] und höheren gesetzlichen Anforderungen verbunden. Dabei ist der Zweck der Monopolisierung in erster Linie, einem drohenden Heilmittelmissbrauch vorzubeugen[29]. Eine Maßnahme zur Erfüllung dieses Zwecks ist die Bindung des Apothekers an die Apothekenbetriebsräume. Diese beschränkt sich jedoch auf den monopolisierten Sektor. Die Bevölkerung soll kontrollierte und behördlich überwachte Anlaufstellen haben, an denen benötigte Heilmittel und Medikamente als Waren besonderer Art in ausreichender Zahl und einwandfreier Beschaffenheit bereitstehen[30].

Gekoppelt mit dem Apothekenmonopol ist außerdem die Dienstbereitschaft[31]. Benötigte Medikamente müssen sofort erhältlich sein, weil Schmerzen und Krankheiten sich nicht an gesetzliche Ladenöffnungszeiten halten. Korrespondierend hierzu hat das Apothekengesetz eine flächendeckende Versorgung der Bevölkerung zum Ziel[32]. Die Möglichkeit, erforderliche Arzneimittel mit mög-

---

24 Hierzu *Kieser*, Apotheke & Recht, 2002, 123 ff.
25 Siehe hierzu auch BSG, Apotheke & Recht 2002, 85, 87 ff.
26 BVerfGE 94, 372, 393.
27 *Tawab*, PZ 2004, S. 4360 f.; OLG Düsseldorf, GRUR-RR 2003, 14 ff.
28 Vgl. BVerfGE 7, 376, 388 ff., 414 ff.
29 Vgl. BVerfGE 9, 73, 79.
30 Vgl. BVerfGE 7, 376, 414 f.
31 § 23 ApBetrO, siehe hierzu unten S.104.
32 Vgl. BVerfGE 9, 73, 80 f.; siehe auch *Dettling/Lenz*, Der Arzneimittelvertrieb in der Gesundheitsreform 2003, S. 14 ff. m.w.N.

lichst wenig Zeitverzug zu erwerben, soll nicht davon abhängen, dass der Patient in einer Großstadt wohnt. Ferner hat ein Apotheker im Monopolbereich eine umfangreiche Laborausstattung vorzuhalten[33], um die Herstellung benötigter Rezeptur- und Defekturarzneimittel und damit eine Versorgung auch dort zu gewährleisten, wo zugelassene Fertigarzneimittel nicht zur Verfügung stehen[34].

Außerdem regeln die Vorschriften der Apothekenbetriebsordnung und des Apothekengesetzes die ordnungsgemäße Lagerung und Bevorratung von Arzneimitteln, deren Einhaltung letztlich nur durch eine ortsgebundene Erlaubnis überwacht werden kann. Die Bindung der Apotheker an die Apothekenbetriebsräume bei der Abgabe apothekenpflichtiger Arzneimittel hat also ihre Gründe in der Gewährleistung einer sicheren, zuverlässigen und zeitnahen Versorgung der Bevölkerung mit apothekenpflichtigen Arzneimitteln.

Entsprechende Notwendigkeiten bestehen bei der Abgabe von Waren des Apothekenrandsortiments und freiverkäuflichen Arzneimitteln aber nicht. Das Argument der Sicherung der flächendeckenden Versorgung greift nicht, da diese Waren letztlich in jedem Drogerie- oder Supermarkt erworben werden können. Eines Notdienstes bedarf es nicht, im Gegenteil: Die Waren des Randsortiments dürfen größtenteils während des Notdienstes nicht abgegeben werden[35]. Laborausstattungen sind in diesem Zusammenhang ebenso wenig notwendig wie spezielle Überwachungsmaßnahmen, so dass Sinn und Zweck der Beschränkung des Apothekers bei der Abgabe apothekenpflichtiger Arzneimittel auf die Apothekenbetriebsräume auf die Abgabe nicht apothekenpflichtiger Arzneimittel und Waren des Apothekenrandsortiments nicht übertragbar sind.

Gleiches gilt für Dienstleistungen. Deren Angebot ist nicht monopolisiert[36]. Dem Apotheker steht es damit frei, sie anzubieten. Eine sichere Anlaufstelle zur Durchführung bietet die Apotheke mithin im Gegensatz zur Abgabe von apothekenpflichtiger Arzneimittel nicht und muss sie auch nicht bieten. Sinn und Zweck des § 1 ApoG sprechen folglich dafür, nur monopolisierte Tätigkeiten an die Apothekenbetriebserlaubnis und die in dieser Erlaubnis bezeichneten Räume zu binden, den Verkauf von freiverkäuflichen Arzneimitteln und Waren des Apothekenrandsortiments sowie das Angebot von Dienstleistungen außerhalb der Apothekenbetriebsräume jedoch zuzulassen.

---

33 S. dazu unten S. 28.

34 Siehe hierzu auch *Kieser*, Apotheke & Recht 2002, 123, 125.

35 § 4 Abs. 1 Satz 2 Ladenschlussgesetz beschränkt den Kreis der Waren, die im Rahmen des Notdienstes außerhalb der gesetzlichen Ladenöffnungszeiten abgegeben werden dürfen, auf Arznei-, Krankenpflege-, Säuglingspflege- und Säuglingsnährmittel, hygienische Artikel und Desinfektionsmittel.

36 *Kieser*, Apotheke & Recht 2002, 123, 125; *Cyran/Rotta*, a.a.O., § 25 Rdnr. 22 ff.; *Braem*, Apothekenübliche Dienstleistungen.

Dementsprechend hat die Rechtsprechung in jüngerer Zeit die Außendarstellung von Apotheken außerhalb der Apothekenbetriebsräume als Ausprägung der Berufsfreiheit gebilligt, selbst wenn damit eine Verkaufstätigkeit verbunden war. Der Bundesgerichtshof[37] hat das Angebot von Waren des Apothekenrandsortiments außerhalb der Apothekenbetriebsräume in Verkaufsschütten für zulässig erklärt[38]. Das Landesberufsgericht für Apotheker in Karlsruhe hat den Stand eines Apothekers auf einem Martinimarkt zutreffend nicht beanstandet, da keine Zweifel an der ordnungsgemäßen Sicherstellung der Arzneimittelversorgung durch den Apotheker oder dessen beruflicher Integrität geweckt würden[39]. Ein Stand eines Apothekers auf einer Gesundheitsmesse, an dem auch chemisch-physiologische Körperwertemessungen angeboten worden sind, ist von der Rechtsprechung ebenfalls gebilligt worden[40].

Durch das Angebot von Waren des Apothekenrandsortiments außerhalb der Apothekenbetriebsräume wird weder die Arzneimittelsicherheit gefährdet noch die Arzneimittelversorgung der Bevölkerung beeinträchtigt, so dass eine restriktive Auslegung des Erlaubnisvorbehalts verfassungsrechtlich nicht haltbar wäre. Bietet der Apotheker Waren außerhalb der Apothekenbetriebsräume an oder präsentiert sich mit einem Stand bei einer Gesundheitsmesse, muss aber sichergestellt sein, dass der Betrieb der Apotheke in den Apothekenbetriebsräumen hierunter nicht leidet[41]. Weder Verkaufsschütten vor der Apotheke noch Präsentationen auf Gesundheitsmessen oder in ähnlichem Rahmen lassen sich also wegen eines Verstoßes gegen die grundsätzliche Erlaubnispflicht für Apothekenbetriebsräume untersagen, sofern sich das Angebot auf Waren des Apothekenrandsortiments und freiverkäufliche Arzneimittel beschränkt[42].

II. Persönliche Voraussetzungen

Die persönlichen Voraussetzungen für die Erteilung der Erlaubnis zum Betrieb einer Apotheke sind in § 2 ApoG geregelt.

37 BGH WRP 1999, 920 ff. – Verkaufsschütten vor Apotheken.
38 Vgl. zu der verfassungsrechtlichen Zulässigkeit auch schon Nichtannahmebeschluss des Bundesverfassungsgerichts vom 16.10.1996, Az.: 1 BvR 922/94, teilweise abgedruckt in AZ 1997, S. 1 bis 3.
39 Apotheke & Recht 2002, 134 ff. – Martinistand.
40 VG Köln, Beschluss vom 07.06.2002, Az.: 9 L 1355/02.
41 Vgl. § 2 Abs. 4 ApBetrO: Der Vorrang des Arzneimittelversorgungsauftrags der Apotheke darf durch anderweitige Tätigkeiten nicht beeinträchtigt werden; BGH GRUR 2001, 352 ff. – Hilfsmittelvertrieb durch Apotheken.
42 Vgl. *Kieser*, Apotheke & Recht 2002, 123 ff.

1. Natürliche Person

Gemäß § 2 Abs. 1 Ziff. 1 ApoG muss der Antragsteller Deutscher im Sinne des Art. 116 des Grundgesetzes, Angehöriger eines der übrigen Mitgliedstaaten der Europäischen Gemeinschaften oder eines anderen Vertragsstaates des Abkommens über den europäischen Wirtschaftsraum oder heimatloser Ausländer im Sinne des Gesetzes über die Rechtstellung heimatloser Ausländer sein. Die Antragstellung durch ein Unternehmen bzw. eine juristische Person kommt hingegen nicht in Betracht[43].

Zulässig ist gemäß § 8 Satz 1 ApoG der Betrieb einer oder mehrerer Apotheken durch eine offene Handelsgesellschaft (oHG). Aber auch in diesem Fall wird die Apothekenbetriebserlaubnis nicht der offenen Handelsgesellschaft erteilt, sondern den einzelnen Gesellschaftern. Jeder Gesellschafter erhält eine eigene, nur auf seine Person ausgestellte Erlaubnis, die ihn zum Betrieb des Apothekenunternehmens berechtigt[44].

2. Geschäftsfähigkeit

Nach § 2 Abs. 1 Ziff. 2 ApoG muss der Antragsteller voll geschäftsfähig sein. Sofern nicht besondere Anzeichen für die fehlende Geschäftsfähigkeit vorliegen, wird diese Voraussetzung von der zuständigen Behörde bei der Erteilung der Apothekenbetriebserlaubnis nicht geprüft. Auch im hohen Alter kann ein Apotheker die Erteilung einer Apothekenbetriebserlaubnis beantragen, solange die Behörde keine Anhaltspunkte hat, dass er in seiner Geschäftsfähigkeit beschränkt ist.

3. Approbation

Der Antragsteller, der die Erteilung einer Apothekenbetriebserlaubnis beantragt, muss die deutsche Approbation als Apotheker besitzen. Die Erteilung der Approbation richtet sich nach der Approbationsordnung für Apotheker[45], die auf Grundlage der Bundesapothekerordnung[46] ergangen ist. In der Bundesapothekerordnung (BApO) ist in § 1 nochmals bestimmt, dass der Apotheker dazu berufen ist, die Bevölkerung ordnungsgemäß mit Arzneimitteln zu versorgen. Der Apotheker dient der Gesundheit des einzelnen Menschen und des gesamten Volkes.

Gemäß § 2 BApO bedarf derjenige, der im Geltungsbereich der Bundesapothekerordnung den Apothekerberuf ausüben will, der Approbation als Apotheker. Im Gegenzug darf die Berufsbezeichnung Apotheker oder Apothe-

---

43 Siehe hierzu schon *Schiedermair/Pieck*, a.a.O., § 1 Rdnr. 112.
44 Vgl. hierzu auch *Dettling/Kieser*, in: *Herzog/Dettling/Kieser/Spielvogel*, a.a.O., S. 98; *Schiedermair/Pieck*, a.a.O., § 8 ApoG Rdnr. 43.
45 Vom 19.07.1989, BGBl I, S. 1489.
46 Vom 19.07.1989, BGBl I, S. 1478.

kerin nur führen[47], wer als Apotheker approbiert ist oder eine Erlaubnis zur vorübergehenden Ausübung des Apothekerberufs gemäß § 2 Abs. 2 BApO hat[48]. Die Approbation ist nicht nur notwendig, um die Apothekenbetriebserlaubnis zu erhalten, sondern auch um als angestellter Apotheker in einer Apotheke tätig zu werden. Verliert der Apotheker seine Approbation, wird ihm die Grundlage für ein Tätigwerden als Apotheker entzogen. Der Entzug der Approbation kann existenzvernichtend sein.

Gemäß § 7 Abs. 2 BApO kann die Approbation widerrufen werden, wenn nachträglich eine der Voraussetzungen, die bei Erteilung vorgelegen haben müssten, entfallen ist (§ 4 Abs. 1 BApO). Von besonderer Relevanz ist, dass sich ein Apotheker, wenn er die Approbation erhalten will, nicht eines Verhalten schuldig gemacht haben darf, aus dem sich seine Unwürdigkeit oder Unzuverlässigkeit zur Ausübung des Apothekerberufs ergibt. Wird ein Apotheker wegen Abrechnungsbetrügereien oder Abrechnungsunregelmäßigkeiten gegenüber Krankenkassen rechtskräftig verurteilt, droht ihm der Widerruf der Approbation[49]. Wegen dieser gravierenden Konsequenzen strafrechtlich relevanter Verstöße gegen das Apothekengesetz und das Arzneimittelgesetz erfordert gerade das Tätigwerden im Graubereich eine fundierte anwaltliche Beratung.

4. Zuverlässigkeit

Der Antragsteller muss gemäß § 2 Abs. 1 Ziff. 4 ApoG die für den Betrieb einer Apotheke erforderliche Zuverlässigkeit besitzen. Gleichzeitig enthält § 2 Abs. 1 Ziff. 4 ApoG ein Regelbeispiel dafür, wann die erforderliche Zuverlässigkeit nicht mehr gegeben ist. Dies ist dann der Fall, wenn Tatsachen vorliegen, welche die

---

47 Wer sich unberechtigt als Apotheker bezeichnet, macht sich nach § 132a Abs. 1 Ziff. 2 StGB wegen des unerlaubten Führens einer geschützten Berufsbezeichnung strafbar.
48 Vgl. zur Anerkennung der Diplome in der Europäischen Union Anlage zu § 4 Abs. 1a Satz 1 Bundesapothekerordnung, durch Gesetz vom 15.06.2005 BGBl I 1645 eingeführt.
49 Vgl. etwa BVerwG, NJW 2003, 913 ff. – Abrechnungsbetrug mit Schaden von ca. 200.000 DM und rechtskräftigem Strafbefehl von 140 Tagessätzen zu je 150 DM; Urteil des Hamburgischen Verwaltungsgerichts vom 11.01.2000, Az.: 5 Bs 2821/99, DAZ 2001, S. 3446 – Herstellung von Arzneimitteln ohne Herstellungserlaubnis; Bayerischer Verwaltungsgerichtshof, Beschluss vom 30.07.2002, Az.: 22 ZB 02.1430 – Steuerhinterziehung, Rezeptsammlung, Vereinbarung mit Praxisinhaber, hierzu aber auch BVerfG, Beschluss vom 24.10.2003, Az.: 1 BvR 1594/03, Apotheke & Recht 2003, 159 f., durch den der von der Behörde angeordnete und von den Instanzgerichten bestätigte Sofortvollzug als verfassungswidrig aufgehoben worden ist; VG Freiburg, Urteil vom 09.11.2005, Az. 1 K 1441/05 – nicht rechtskräftig, zum Entzug der Approbation im Anschluss an eine rechtskräftige Verurteilung wegen Mordes; zur Rechtsprechung bei Ärzten: VGH Mannheim, Beschluss vom 28.07.2003, Az.: 9 S 1138/03, NJW 2003, 5647; OVG Rheinland-Pfalz, Urteil vom 20.09.2005, Az. 6 A 10556/05, nicht rechtskräftig in einem Fall, in dem ein Arzt innerhalb von 10 Jahren mehrfach berufsrechtlich und strafrechtlich verurteilt worden ist.

Unzuverlässigkeit des Antragstellers in Bezug auf das Betreiben einer Apotheke dartun, insbesondere wenn strafrechtliche oder schwere sittliche Verfehlungen vorliegen, die ihn für die Leitung einer Apotheke ungeeignet erscheinen lassen, oder wenn er sich durch gröbliche oder beharrliche Zuwiderhandlung gegen das Apothekengesetz, die Apothekenbetriebsordnung oder die für die Herstellung von Arzneimitteln und für den Verkehr mit diesen erlassenen Rechtsvorschriften als unzuverlässig erwiesen hat.

§ 2 Abs. 1 Ziff. 4 ApoG ähnelt den gewerberechtlichen Zuverlässigkeitstatbeständen in § 35 GewO. Die Zuverlässigkeit wird auf der Basis in der Vergangenheit oder Gegenwart liegender Tatsachen beurteilt, die einen Bezug zum beabsichtigten Betrieb einer Apotheke haben müssen[50]. In der Praxis hat der Apotheker bei Beantragung der Apothekenbetriebserlaubnis dem Antrag ein Führungszeugnis beizulegen, das Auskunft über eventuelle strafrechtliche Verurteilungen gibt. Außerdem wird die Apothekerkammer um eine Stellungnahme gebeten, um insbesondere in Erfahrung zu bringen, ob der Apotheker zuvor schon berufsrechtlich in Erscheinung getreten ist[51].

5. Versicherung an Eides statt

Nach § 2 Abs. 1 Ziff. 5 ApoG muss der Antragsteller an Eides statt versichern, dass er keine Vereinbarungen getroffen hat, die gegen §§ 8 Satz 2, 9 Abs. 1, 10 oder 11 ApoG verstoßen. Er hat außerdem den Kauf- oder Pachtvertrag über die Apotheke sowie auf Verlangen der zuständigen Behörde auch andere Verträge, die mit der Einrichtung und dem Betrieb der Apotheke in Zusammenhang stehen, vorzulegen. In der Praxis stimmt sich die für die Erteilung zuständige Verwaltungsbehörde mit der zuständigen Apothekerkammer ab und holt insbesondere zu Mietverträgen die Rechtsmeinung der Kammer ein.

Die Behörde, die nach § 1 Abs. 2 ApoG für die Erteilung der Apothekenbetriebserlaubnis zuständig ist, ist eine Behörde nach §§ 156, 11 Ziff. 7 StGB. Ist die abgegebene Versicherung an Eides statt unrichtig, kann dies mit einer Freiheitsstrafe von bis zu drei Jahren oder mit Geldstrafe geahndet werden. Nach § 163 StGB ist die Abgabe einer fahrlässig falschen Versicherung an Eides statt ebenfalls eine Straftat, die mit Freiheitsstrafe bis zu einem Jahr oder mit Geld-

---

50 Siehe zum Gewerberecht *Tettinger/Wank*, GewO, 7. Aufl. 2004, § 35, Rdnr. 26 ff.; *Schiedermair/Pieck*, a.a.O., § 2 Rdnr. 32 ff.

51 Mitglieder der Apothekerkammer sind nicht nur selbständige Apotheker, sondern auch angestellte Apotheker, die ihren Beruf im Bereich der Kammer ausüben oder den Wohnsitz im Kammerbezirk haben (vgl. etwa § 3 Abs. 1 Hauptsatzung der Bayerischen Landesapothekerkammer; Art. 4 i.V.m. Art. 59 Abs. 1 Heilberufe-Kammergesetz Bayern). Angestellte Apotheker können deshalb auch wegen berufsrechtlicher Verfehlungen berufsrechtlich belangt werden. In der Praxis ist dies aber selten.

strafe geahndet werden kann. Ein Antragsteller, der tatsächlich Vereinbarungen geschlossen hat, die beispielsweise mit § 8 ApoG nicht vereinbar sind, kann, wenn er dies unzutreffend an Eides statt versichert hat, strafrechtlich belangt werden, wobei eine Verurteilung wiederum Auswirkungen auf seine Approbation und seine Apothekenbetriebserlaubnis haben kann. Der Vertragspartner des Apothekers kann unter Umständen wegen Beihilfe oder wegen Anstiftung zur Abgabe einer falschen Versicherung an Eides statt zur Verantwortung gezogen werden[52].

Die Versicherung an Eides statt nach § 2 Abs. 1 Ziff. 5 ApoG ist das Kernstück des Antrags auf Erteilung der Apothekenbetriebserlaubnis. Wegen der erheblichen Konsequenzen ist sorgfältig zu prüfen, ob die mit Dritten abgeschlossenen Vereinbarungen gegen die apothekenrechtlichen Kernvorschriften der §§ 8 bis 11 ApoG verstoßen.

a) Verbot von Umsatzvereinbarungen – § 8 ApoG

Gemäß § 8 Satz 2 ApoG sind Beteiligungen an einer Apotheke in Form einer stillen Gesellschaft und Vereinbarungen, bei denen die Vergütung für dem Erlaubnisinhaber gewährte Darlehen oder sonst überlassene Vermögenswerte am Umsatz oder am Gewinn der Apotheke ausgerichtet ist, insbesondere auch am Umsatz oder Gewinn ausgerichtete Mietverträge unzulässig.

Nach § 8 Satz 4 ApoG gilt dies nicht nur für Haupt-, sondern auch für Filialapotheken. Das Verbot der umsatz- und gewinnorientierten Beteiligung ist dabei streng auszulegen[53].

aa) Keine partiarischen Rechtsverhältnisse

§ 8 Satz 2 ApoG will sogenannte partiarische Rechtsverhältnisse, in denen sich der Gläubiger die beruflichen und wirtschaftlichen Fähigkeiten des Betriebsinhabers der Apotheke zunutze macht und an den Früchten der Apotheke partizipiert, vermeiden[54]. Die Regelung ist

„Ausdruck der gesetzgeberischen Zielvorstellung, dem Apotheker die eigenverantwortliche Führung und Leitung seines Betriebs sowohl in sachlicher, also wissenschaftlich-pharmazeutischer, als auch in betrieblicher und wirtschaftlicher Hinsicht zu ermöglichen, ohne (auch nur indirekt) bei seinen Entscheidungen von Dritten beeinflusst oder bestimmt zu werden (vgl. § 7 ApoG). Seine berufliche Verantwortlichkeit und Entscheidungsfreiheit soll nicht durch unangemessene vertragliche Bedingungen, die ihn in wirtschaft-

---

52   Vgl. instruktiv BGH, Urteil vom 25.04.2002, Apotheke & Recht 2002, 166, 172.
53   Vgl. BGH, NJW-RR 1998, 803, 805; *Schiedermair/Pieck*, a.a.O. § 8 Rdnr. 23.
54   Vgl. BGH NJW-RR 1998, 803, 804; BGH, NJW 2004, 1523, 1524; *Schiedermair/Pieck*, a.a.O., § 8 Rdnr. 146; siehe auch *Dettling/Kieser*, in: *Herzog/Dettling/Kieser/Spielvogel*, a.a.O., S. 90f. m.w.N.

liche Abhängigkeit zu Dritten bringen, beeinträchtigt werden. Dadurch soll sichergestellt werden, dass er seiner öffentlichen Aufgabe, eigenverantwortlich an der ordnungsgemäßen Arzneimittelversorgung der Bevölkerung mitzuwirken, in sachgerechter Weise nachkommt"[55].

Wie § 7 ApoG, der den Erlaubnisinhaber zur persönlichen Leitung der Apotheke verpflichtet, dient auch § 8 Satz 2 ApoG dazu, den Fremdbesitz von Apotheken zu verhindern. Als Ausfluss des Fremdbesitzverbots verbietet § 8 Satz 2 ApoG stille Beteiligungen. § 8 Satz 2 ApoG wurde in dieser Form 1980 in das Apothekengesetz eingeführt, nachdem die früher zulässige stille Gesellschaft in ganz erheblichem Maße missbraucht worden war, um § 7 ApoG – Eigenverantwortlichkeit – auszuhebeln. Da stille Gesellschaften auch formlos gegründet werden können und keiner Eintragung in ein Register bedürfen, ist die von § 2 Abs. 1 Ziff. 5 ApoG geforderte Versicherung an Eides statt, dass eine solche nicht besteht, die einzige Möglichkeit, eine stille Gesellschaft wirksam zu verhindern.

bb) Verbot der Umsatzmiete

§ 8 Satz 2 ApoG verbietet weiter Vereinbarungen, bei denen die Vergütung für dem Erlaubnisinhaber gewährte Darlehen oder sonst überlassene Vermögenswerte am Umsatz oder am Gewinn der Apotheke ausgerichtet ist, insbesondere am Umsatz oder Gewinn ausgerichtete Mietverträge. Wie der Wortlaut des § 8 Satz 2 ApoG nahe legt, liegt ein praktischer Schwerpunkt auf den Mietverträgen. Umsatzmieten sind generell unzulässig. Insbesondere bei der Verwendung von Standardmietverträgen in größeren Einkaufscentern oder bei Warenhausketten, die regelmäßig Umsatzmieten enthalten, muss dem Rechnung getragen werden.

Ein Verstoß gegen § 8 Satz 2 ApoG kann aber auch bei einer **verdeckten Umsatzbezogenheit** der Miete vorliegen. Der Bundesgerichtshof hat eine solche verdeckte Umsatzbezogenheit bei einer Staffelmiete, bei der sich die Miete in den ersten drei Jahren um jeweils 1.000 DM erhöhte, gleichzeitig eine Wertsicherungsklausel vorhanden war und zudem der Mieter ein Sonderkündigungsrecht hatte, falls bestimmte Umsätze nicht erreicht werden sollten, angenommen[56].

Demgegenüber ist die Vereinbarung einer Miete für die Apothekenbetriebsräume, die erheblich über der ortsüblichen Miete liegt, nicht als eine versteckte Gewinnbeteiligung oder als eine Umgehung des Fremdbesitzverbotes angesehen worden[57].

---

55 Vgl. BGH NJW-RR 1998, 803, 805; BGHZ 75, 214, 215.
56 Vgl. BGH NJW-RR 1998, 803, 805.
57 Vgl. BGH NJW-RR 1998, 803, 807; a.A. *Schiedermair/Pieck*, a.a.O., § 9 Rdnr. 23.

cc) Sonstige Umsatzbeteiligungen

§ 8 Satz 2 ApoG beschränkt sich aber nicht nur auf Mietverträge, sondern verbietet auch andere umsatzabhängige Vereinbarungen zwischen dem Apothekenbetreiber und Dritten, wie beispielsweise Leasingverträge, Beratungsverträge, Marketingverträge etc. Immer dann, wenn sich eine (Teil-)Vergütung – auch verdeckt – an Umsatz, Gewinn oder an Umsatzsteigerungen orientiert, stellt sich die Frage der Vereinbarkeit mit § 8 Satz 2 ApoG. Die Vorschrift des § 8 Satz 2 ApoG hat große Praxisrelevanz der anwaltlichen Beratung. So beschäftigt sich die letzte Entscheidung des Bundesgerichtshofs zu § 8 Satz 2 ApoG[58] mit der Haftung eines Anwalts, der nicht auf die Problematik von staffelweisen Mietaufstockungen und Wirtschaftlichkeitsprüfungen in einem Mietvertrag hingewiesen hatte.

Demgegenüber kann ein Apotheker mit seinen Arbeitnehmern Arbeitsverträge abschließen, die eine Umsatzkomponente enthalten. Von seinen Arbeitnehmern ist der Apotheker nicht in dem Umfang wirtschaftlich abhängig, wie von Darlehensgebern oder Vermietern. Ein variabler Gehaltsanteil, der sich nach der Gesamtentwicklung der Apotheke oder auch den Umsätzen, die der einzelne Angestellte abwickelt, richtet, ist mit umsatzabhängigen Mietverträgen nicht vergleichbar. Dieser kann sich zudem motivierend auf das Personalteam auswirken.

dd) Einsichtsrecht der Behörde

Die für die Erteilung der Apothekenbetriebserlaubnis zuständige Behörde fordert regelmäßig die für die Apothekenbetriebsräume abgeschlossenen Mietverträge, die Kauf-/Werkverträge für die Apothekeneinrichtung und die zugrundeliegenden Finanzierungsvereinbarungen an, um sich selbst ein Bild machen zu können, ob die Vereinbarungen, die der Apotheker eingegangen ist, apothekenrechtlich bedenklich sind oder nicht[59]. Die Behörde kann grundsätzlich auch Beratungsverträge, die der Apotheker geschlossen hat, anfordern. Da es sich um Verträge handelt, die mit dem Betrieb der Apotheke in Zusammenhang stehen, ist dies eher unüblich, zumal eine Vielzahl von Apotheken ohne Fremdberatung auskommt.

ee) Notwendigkeit einer Mindestmietdauer?

§ 7 ApoG soll ebenfalls verhindern, dass ein Apotheker durch unangemessene vertragliche Bindungen, die ihn in wirtschaftliche Abhängigkeit zu Dritten bringen, beeinträchtigt wird. Verwoben hiermit ist die Frage, was für eine Mindestdauer ein Mietvertrag über Apothekenbetriebsräume haben muss. Die Apothekenbetriebsräume alleine ermöglichen es dem Apotheker noch nicht, seine Apotheke zu betreiben. Er benötigt vielmehr eine umfangreiche Einrichtung, die eine erhebliche wirtschaftliche Investition erfordert. Außerdem muss der Apothe-

---

58   BGH, Urteil vom 27.11.2003 – IX ZR 76/00, NJW 2004, 1523 ff.
59   Die Ermächtigungsgrundlage findet sich ebenfalls in § 2 Abs. 1 Ziff. 5 ApoG.

ker Personal einstellen, die Apotheke mit Arzneimitteln und apothekenüblichen Waren erstausstatten und Werbung treiben. Diese Investitionen amortisieren sich nur dann, wenn der Apotheker die Möglichkeit hat, die Apotheke gesichert über einen längeren Zeitraum zu führen.

Bei einem Mietvertrag mit kurzer Laufzeit ist der Apotheker dem Wohlwollen des Vermieters ausgeliefert. Neigt sich die Laufzeit des Mietvertrages dem Ende zu, wird der Apotheker, um eine Verlängerung zu erreichen und seine getätigten Investitionen zu sichern, zu erheblichen Zugeständnissen, sei es bei der Frage des Mietzinses oder bei der Frage der Führung der Apotheke, bereit sein. Diese Abhängigkeit soll § 7 ApoG verhindern.

Gesetzliche Vorschriften, welche Mindestlaufzeit ein Mietvertrag über Apothekenbetriebsräume haben muss, existieren nicht. Einschlägige Entscheidungen, die sich mit der Frage befasst haben, ob die Apothekenbetriebserlaubnis bei einer Laufzeit des Mietvertrages von einem Jahr mit Verlängerungsklausel erteilt werden darf, gibt es ebenfalls nicht. Zurückzuführen ist dies darauf, dass Vermieter und Mieter dann, wenn die zuständige Verwaltungsbehörde die Laufzeit beanstandet, üblicherweise nachbessern, da sie beide ein Interesse am Abschluss des Mietvertrages und der Erteilung der Apothekenbetriebserlaubnis haben. Der Apotheker, der eine Apotheke wirklich eigenverantwortlich betreiben will, wird schon von sich aus darauf hinwirken, dass der Mietvertrag eine ausreichend lange Laufzeit hat.

Mit Blick auf die Investitionen und wirtschaftlichen Risiken, die die Eröffnung einer Apotheke mit sich bringt, wird man einen Mietvertrag mit einer Mindestmietzeit von fünf Jahren als unterste Grenze ansehen müssen[60]. Die längste Mietdauer ohne Kündigungsmöglichkeit beträgt gemäß § 544 BGB 30 Jahre. Nach Ablauf von 30 Jahren kann das Mietverhältnis, sofern nicht der Vertrag über Lebenszeit des Vermieters oder des Mieters geschlossen worden ist, was bei Mietverträgen über Apothekenräumlichkeiten regelmäßig nicht der Fall sein wird, außerordentlich mit der gesetzlichen Frist gekündigt werden. Üblich sind Mietverträge mit einer Mietdauer zwischen 10 und 20 Jahren, wobei in vielen Fällen dem Mieter ein Optionsrecht auf Verlängerung eingeräumt wird.

Zwischenmietverträge, also Verträge, bei denen der Vermieter seinerseits die Apothekenbetriebsräume vom Eigentümer oder von einem weiteren Mieter angemietet hat, werden von den für die Apothekenbetriebserlaubnis zuständigen Behörden zu Unrecht kritisch beäugt. Teilweise wird die Erteilung der Apothekenbetriebserlaubnis sogar höchst bedenklich davon abhängig gemacht, dass der

---

60 Das Landgericht Bautzen, Urteil vom 11.07.2002, Az. 3 O 251/98, S. 8, hat einen Mietvertrag mit einer Mietdauer von fünf Jahren als relativ kurze Mietdauer angesehen, ohne sich explizit zur Zulässigkeit zu äußern; vgl. auch *Dettling/Kieser*, in: *Herzog/Dettling/Kieser/Spielvogel*, a.a.O., S. 92.

Vermieter der Apothekenbetriebsräume seinerseits der Behörde Einblick in den abgeschlossenen Mietvertrag, in dem er Mieter ist, gewährt. Nicht nur dass § 2 ApoG für eine solche Vorlagepflicht keine Anhaltspunkte gibt, ist diese auch tatsächlich nicht notwendig. Entscheidend für die apothekenrechtliche Beurteilung ist das Vertragsverhältnis, das der Antragsteller, der Apotheker hat. Das Vertragsverhältnis des Vermieters des Apothekers zu Dritten ist hierfür ohne Bedeutung.

b) Verpachtungsbeschränkungen – § 9 ApoG

Der Antragsteller muss weiter an Eides statt versichern, dass er keine Vereinbarungen geschlossen hat, die gegen § 9 ApoG verstoßen. In § 9 ApoG ist die Verpachtung von Apothekenbetriebsräumen geregelt. Die Verpachtung von Apothekenbetriebsräumen ist nur in wenigen, eng umrissenen Konstellationen zulässig[61]. Die Beschränkung der Verpachtung dient ebenfalls der Verhinderung des Fremdbesitzes und der Bildung größerer Apothekenketten.

Die Verpachtung einer Apotheke ist nur zulässig, wenn und solange der Verpächter im Besitz der Apothekenbetriebserlaubnis ist und die Apotheke aus einem in seiner Person liegenden wichtigen Grund nicht selbst betreiben kann. Grundsätzlich kann also nur ein Apotheker eine Apotheke verpachten, nicht jedoch ein Dritter oder eine juristische Person. Lediglich in eng begrenzten Ausnahmefällen (Tod des Apothekers als Erlaubnisinhaber) kann auch ein Nicht-Apotheker für einen begrenzten Übergangszeitraum eine Apotheke verpachten[62]. Interessant ist die Pacht vor allen Dingen auch deshalb, weil das Verbot der Umsatzbeteiligung nach § 8 Satz 3 ApoG für Pachtverträge nicht gilt.

aa) Abgrenzung von Miete und Pacht

Schwierigkeiten bereitet oft die Abgrenzung unzulässiger Pachtverträge von zulässigen Mietverträgen. Diese Abgrenzung ist nicht nur wegen der eventuellen strafrechtlichen Folgen äußerst wichtig, sondern auch wegen der Nichtigkeitsfolge, die § 12 ApoG für Vereinbarungen, die gegen § 9 ApoG verstoßen, anordnet. Grundunterschied zwischen Pacht und Miete ist, dass Vertragsgegenstand bei einer Miete nur Sachen sein können, Vertragsgegenstand einer Pacht jedoch auch Rechte[63]. Die Pacht gewährt im Unterschied zur Miete nicht nur den Gebrauch der Sache, sondern auch den Fruchtgenuss nach den Regeln einer ordnungsgemäßen Wirtschaft. Früchte sind bei der Verpachtung einer Sache deren Erzeugnisse und

---

61   Siehe auch *Dettling*, Apotheke & Recht 2002, 66 ff.
62   Vgl. § 9 Abs. 1 Ziff. 2, Ziff. 3 ApoG.
63   Vgl. etwa *Bub/Treier*, Handbuch der Geschäfts- und Wohnraummiete, 3. Aufl. 1999, Rdnr. 8; *Geldmacher*, DWW 1999, 109, 110.

die sonstige bestimmungsgemäß gewonnene Ausbeute[64]. Bei einem Unternehmen ist dies der Unternehmensertrag.

(1) Unbeachtlichkeit der Bezeichnung

Unbeachtlich für die rechtliche Qualifizierung als Miet- oder Pachtvertrag ist die Bezeichnung des Vertrages durch die Vertragsparteien[65]. Allenfalls dann, wenn die Parteien beiderseits juristisch beraten sind, kann der gewählten Bezeichnung eine gewisse Indizfunktion zukommen. Allerdings wird ein materieller Pachtvertrag nicht alleine deshalb zu einem materiellen Mietvertrag, weil zwei Anwälte den Vertrag – gegebenenfalls unzutreffend – als Mietvertrag bezeichnen.

(2) Indizien für Pacht

Wird ein voll ausgestattetes Unternehmen (Räume, Inventar, Firmenname, Goodwill, Kundenkartei etc.) überlassen, liegt regelmäßig eine Pacht vor[66]. Umgekehrt ist regelmäßig von einem Mietvertrag auszugehen, wenn lediglich leere Räume überlassen werden[67].

Schwierigkeiten bereitet die Einordnung von Mischkonstruktionen. Grundsätzlich ist immer dann, wenn der Vertragspartner nicht nur die Geschäftsräume überlässt, sondern darüber hinaus auch noch Verpflichtungen eingeht, den Geschäftsbetrieb des Apothekers zu fördern, von Pacht auszugehen.

Die Verpflichtung des Apothekers, den eingeführten Namen der Apotheke weiter zu verwenden, wird regelmäßig als Zeichen für das Vorliegen eines Pachtverhältnisses angesehen[68]. Auch die Bereitstellung eines zinsgünstigen Darlehens kann auf eine Pacht hindeuten[69]. Gleiches gilt für die Herstellung von Kundenbeziehungen[70]. Der Nachweis günstiger Bezugsquellen durch den Vermieter kann ebenfalls eine dauerhafte Förderung des Apothekenbetriebs sein, wenn die Betriebsräume schon bei Übergabe mit geeignetem Inventar ausgestattet sind und

---

64 Vgl. § 89 Abs. 1 BGB.
65 OLG München, ZMR 1997, 297; *Reinhart/Meisterernst/Meyer*, Recht der Apothekenpraxis, S. 12 f.
66 Vgl. etwa OLG Karlsruhe, NJW 1970, 1977; *Bub/Treier*, a.a.O., I Rdnr. 16; Saalfrank, Mieten und Vermieten von Apothekenräumen, 2000, Rdnr. 218; Blank, in: *Schmidt-Futterer*, Mietrecht, 8. Aufl. 2003, vor § 535 Rdnr. 135; *Saalfrank*, DAZ 2002, 647 ff.; *Geldmacher*, DWW 1999, 109, 110.
67 Vgl. *Bub/Treier*, a.a.O., I Rdnr. 16; *Geldmacher*, DWW 1999, 109, 110.
68 Vgl. *Saalfrank*, a.a.O., Rdnr. 218; ders. DAZ 2002, 647, 650; *Geldmacher*, DWW 1999, 109, 110.
69 Vgl. *Blank*, in: *Schmidt-Futterer*, a.a.O., § 535 Rdnr. 135 m.w.N.; *Geldmacher*, DWW 1999, 109, 110.
70 Vgl. *Saalfrank*, a.a.O., Rdnr. 218; ders. DAZ 2002, 647, 650; *Geldmacher*, DWW 1999, 109, 110.

auf eine Pacht hindeuten[71]. Teilweise wird es auch als eine unzulässige Pacht angesehen, wenn der Vertragspartner als Vermieter mit einem Ausstatter für Apothekenbetriebsräume zusammenarbeitet und diese gemeinsam darauf hinwirken, dass die Apotheke zum Übergangszeitpunkt im wesentlichen fertiggestellt ist[72].

Demgegenüber lässt die Höhe der vereinbarten Vergütung keinen Schluss auf eine Pacht zu, auch wenn die ortsübliche Miete erheblich überschritten ist. Der Bundesgerichtshof führt hierzu aus:

> *„Mietverträge über Apothekenräume schon deshalb als unzulässige und damit nichtige Pachtverträge einzustufen, weil in ihnen höhere als ortsübliche Mieten vereinbart sind, würde sie mit dem Risiko der Unwirksamkeit belasten und die Vertragsfreiheit bei Aushandlung der Miete unangemessen beeinträchtigen. Entsprechend hat der Bundesgerichtshof bereits in seinem Urteil vom 04.04.1979 (NJW 1979, 2351 [2352] [...]) ausgeführt, dass ein Mietvertrag nicht dadurch zum Pachtvertrag wird, weil die Vergütung für die Gebrauchsüberlassung hoch bemessen ist. Das mit dem Apothekengesetz verfolgte Ziel, Fremdnutzungen von Apotheken zu verhindern, gebietet es ebenfalls nicht, alle Mietverträge mit einer (deutlich) höheren als der ortsüblichen Miete als Pachtverträge mit der Nichtigkeitsfolge der §§ 9, 12 ApoG anzusehen."[73]*

Insbesondere würden auch bei langfristigen Verträgen über dem ortsüblichen Niveau liegende Mieten vereinbart werden[74].

Bei der Übernahme einer Apotheke, die schon eingerichtet ist, spielen damit Details bei der Vertragsgestaltung eine maßgebliche Rolle zur Beantwortung der Frage, ob Pacht oder Miete vorliegt. Der Übergang von Inventar in Apothekenbetriebsräumen aus einer Hand auf den Apotheker führt nicht zwangsläufig zu einer Pacht. Es muss aber sichergestellt sein, dass die Überlassung des Inventars nicht einer wirtschaftlichen Förderung des Unternehmens gleichkommt, sondern der Apotheker die Möglichkeit hat, sich unter Nutzung ähnlicher Konditionen aus Drittquellen zu versorgen. Um keine unnötigen Risiken einzugehen, empfiehlt es sich, keine Verpflichtungen, einen eingeführten Apothekennamen fortzuführen, aufzunehmen. Unschädlich ist hingegen die Berechtigung des Mieters, den Namen fortzuführen. Er wird hieran, da ein eingeführter Apothekennamen ein nicht unerheblicher Goodwill ist, auch Interesse haben.

---

71 Vgl. *Blank*, in: *Schmidt-Futterer*, a.a.O., vor § 535 Rdnr. 135 m.w.N.; *Geldmacher*, DWW 1999, 109, 110.

72 Vgl. *Saalfrank*, a.a.O., Rdnr. 218; *Schiedermair/Pieck*, a.a.O., § 9 Rdnr. 22; *Geldmacher*, DWW 1999, 109, 110.

73 Vgl. BGH NJW-RR 1998, 803, 807.

74 BGH NJW-RR 1998, 803, 807. Die Höhe des Mietzinses wird erst dann problematisch, wenn die Wuchergrenzen (Doppeltes des marktüblichen Entgelts bzw. Ausnutzung einer Zwangslage) erreicht werden.

(3) Neue Apotheke

Ob die aufgezeigten Grundsätze auch dann gelten, wenn eine Apotheke neu ist, ist noch nicht durch die Rechtsprechung geklärt. Richtigerweise muss es zulässig sein, eine neue betriebsbereite Apotheke (mit der Einrichtung!) apothekenrechtlich zu vermieten. Kundenstamm, Goodwill, Personal, Lieferantenbeziehungen, Name etc., die üblicherweise den Betrieb maßgeblich fördern und eine Pacht statt einer Miete begründen, existieren noch nicht[75]. Die Grenzen sind jedoch verschwommen. So wird eine Raumpacht bejaht, wenn Räumlichkeiten für einen gewerblichen oder freiberuflichen Betrieb überlassen werden und diese so eingerichtet und ausgestattet sind, dass sie alsbald für den Betrieb mit Gewinn benutzt werden können, auch wenn noch Teile des Inventars ergänzt werden müssen[76]. Diese Anforderungen sind, wenn der Apothekenbetreiber sowohl Apothekenbetriebsräume als auch Einrichtung von seinem Vertragspartner mietet, erfüllt, so dass von einer (unzulässigen) Pacht gesprochen werden könnte. Gerade die Nichtigkeitsfolgen und das latente strafrechtliche Risiko bei Abgabe einer falschen Versicherung an Eides statt, das der Apotheker bei Abschluss solcher Verträge eingeht, fordern regelmäßig gestalterische Zurückhaltung.

bb) Schubladenverträge

Von selbst versteht sich im Zusammenhang mit Pacht-/Mietverträgen, dass es nicht weiterführt, „saubere Verträge" abzuschließen, die den Genehmigungsbehörden vorgelegt werden, wenn zwischen den Parteien Einigkeit besteht, dass diese Verträge nie gelebt werden und gegebenenfalls schon andere, rechtlich problematische Verträge unterzeichnet in den „Schubladen" liegen.

c) Empfehlungsverbot – § 10 ApoG

In der Versicherung an Eides statt nach § 2 I Ziff. 5 ApoG muss der Antragsteller versichern, dass er keine Vereinbarungen, die § 10 ApoG entgegenstehen, geschlossen hat. Nach § 10 ApoG darf sich der Erlaubnisinhaber nicht verpflichten, bestimmte Arzneimittel ausschließlich oder bevorzugt anzubieten oder abzugeben oder anderweitig die Auswahl der von ihm abzugebenden Arzneimittel auf das Angebot bestimmter Hersteller oder Händler oder von Gruppen von solchen zu beschränken.

Das in § 10 ApoG enthaltene Verbot soll die Unabhängigkeit des Apothekers als Pharmazeut und seine wirtschaftliche Unabhängigkeit gewährleisten. Bei der Abgabe von Arzneimitteln an Endverbraucher soll sich der Apotheker nicht von

---

75 Vgl. auch *Saalfrank*, a.a.O., Rdnr. 219; *Geldmacher*, DWW 1999, 109,110 ff.
76 Vgl. *Palandt/Weidenkaff.*, BGB, 64. Aufl. 2005, Einf. vor § 535 Rdnr. 16; *Saalfrank*, a.a.O., Rdnr. 219; *Bub/Treier*, a.a.O., I Rdnr. 17; OLG Karlsruhe, NJW 1970, 1977; *Blank*, in: *Schmidt-Futterer*, a.a.O., vor § 535 Rdnr. 135.

finanziellen Interessen aufgrund von Vereinbarungen mit pharmazeutischen Herstellern leiten lassen[77]. Nicht von § 10 ApoG berührt werden Vereinbarungen, die Werbemaßnahmen oder Präsentationen zum Gegenstand haben. Nur dann, wenn eine vertragliche Verpflichtung vorliegt, die den Apotheker gerade auch bei der pharmazeutischen Beratung einschränkt, ist § 10 ApoG verletzt. § 10 ApoG knüpft im übrigen nicht an die Form an. Auch mündliche Abreden sind prinzipiell hiervon erfasst, wobei solche Abreden praktisch schwer nachzuweisen sind.

d) Zuweisungsverbot – § 11 ApoG

§ 11 ApoG verbietet Inhabern der Apothekenbetriebserlaubnis und dem Personal von Apotheken, mit Ärzten oder anderen Personen, die sich mit der Behandlung von Krankheiten befassen, Rechtsgeschäfte vorzunehmen oder Absprachen zu treffen, die eine bevorzugte Lieferung bestimmter Arzneimittel, die Zuführung von Patienten, die Zuweisung von Verschreibungen oder die Fertigung von Arzneimitteln ohne volle Angabe der Zusammensetzung zum Gegenstand haben[78].

Ausnahmen von diesem generellen Zuweisungsverbot hat der Gesetzgeber nach § 11 Abs. 1 Satz 2 ApoG i.V.m. § 140a SGB V für die integrierte Versorgung geschaffen. § 11 Abs. 1 Satz 2 ApoG ergänzt die Regelungen in den § 129 Abs. 5b SGB V und § 140a SGB V. Eine Zuweisung von Rezepten an eine Apotheke, die nach einer öffentlichen Ausschreibung an einer integrierten Versorgung teilnimmt, durch Ärzte, die ebenfalls an der integrierten Versorgung teilnehmen, ist danach entgegen § 11 Abs. 1 Satz 1 ApoG zulässig. Der Gesetzgeber hat durch die Einführung von § 11 Abs. 1 Satz 2 ApoG zum 01.01.2004 legislatorisch vollzogen, was zuvor schon in der Literatur überwiegende Auffassung war. So war § 140b Abs. 2 SGB V zutreffend als Ausnahmeregelung zu § 11 ApoG angesehen worden[79].

Eine weitere Ausnahme ist in § 11 Abs. 2 ApoG für die Abgabe anwendungsfertiger Zytostatikazubereitungen, die im Rahmen des üblichen Apothekenbetriebs hergestellt worden sind, unmittelbar an den anwendenden Arzt aufgenommen worden.[80] Die Anfertigung anwendungsfertiger Zytostatika aus Spezialrezepturen erfordert besondere personelle, räumliche[81] und fachliche

77 Vgl. auch *Dettling/Kieser*, DAZ 2004, 598, 600; *Schiedermair/Pieck*, a.a.O., § 10 Rdnr. 3.
78 Zur Kooperation zwischen Arzt und Apotheker, *Burgardt*, Apotheke & Recht 2005, 124 ff.
79 Vgl. hierzu *Wigge/Kleinke*, MedR 2002, 301, 304.
80 Siehe hierzu *Cyran/Rotta*, a.a.O., § 17 Rdnr. 155 ff.; *Barth*, Zytostatikaherstellung in der Apotheke.
81 Der Grundsatz der Raumeinheit gemäß § 4 Abs. 4 ApBetrO, dazu sogleich unten S. 26 ist bei der Zytostatikazubereitung aufgelockert worden. Die Räume, in denen die Zytostatika hergestellt werden, müssen in angemessener Nähe zu den übrigen Apothekenbetriebsräumen liegen. Sie müssen außerdem von der Erlaubnisurkunde umfasst werden.

Ausstattungen, über die nicht jede öffentliche Apotheke verfügt, so dass die Zusammenarbeit zwischen dem zytostatikaanwendenden Arzt und einer Apotheke, die in der Lage ist, anwendungsfertige Zytostatika herzustellen, zulässig ist[82].

Seit dem 06.09.2005, dem Inkrafttreten der 14. AMG-Novelle[83], gilt das Zuweisungsverbot auch nicht im Falle einer bedrohlichen übertragbaren Krankheit, deren Ausbreitung eine sofortige und das übliche Maß erheblich überschreitende Bereitstellung von spezifischen Arzneimitteln erforderlich macht, sofern es sich um Arzneimittel handelt, die von den Gesundheitsbehörden des Bundes oder der Länder nach §§ 47 Abs. 1 Nr. 3c AMG bevorratet oder nach § 21 Abs. 1c AMG hergestellt worden sind.

§ 11 Abs. 1 Satz 1 ApoG richtet sich nach Auffassung des OVG Nordrhein-Westfalen[84] nicht nur an Apotheker, sondern auch an Ärzte. Merkmal für die Zuweisung von Verschreibungen, die in der Praxis wohl am häufigsten vorkommt und Gegenstand von Verfahren ist, ist, dass ärztliche Verschreibungen unter Ausschluss anderer Apotheken unmittelbar einer einzelnen Apotheke oder mehreren Apotheken anteilmäßig oder im Wechsel zugeleitet werden. Entscheidendes Kriterium ist, dass der Arzt dem Patienten die Verschreibung nicht aushändigt, sondern unmittelbar der begünstigten Apotheke zugehen lässt, die dem Patienten sodann die verschriebenen Arzneimittel abgibt. Werden die Verschreibungen körperlich dem Patienten ausgehändigt und lediglich mit einer Empfehlung zur Einlösung in einer bestimmten Apotheke versehen, scheidet ein Verstoß gegen § 11 Abs. 1 Satz 1 ApoG nach richtiger Auffassung aus, solange keine Einschüchterung des Patienten durch den Arzt vorliegt.

Bietet ein Arzt oder das Personal von Ärzten einem Patienten, der durch seine Erkrankung erkennbar an der Einlösung einer Verschreibung gehindert ist, an, bei der Einlösung behilflich zu sein und wird das Rezept mit dem Einverständnis des Patienten an eine Apotheke mit der Bitte um Auslieferung des Arzneimittels an den Patienten weitergeleitet, liegt nach richtiger Auffassung kein Verstoß gegen § 11 ApoG vor. Es ist Ausfluss des ärztlichen Behandlungsvertrages, dass sich der Arzt bzw. seine Mitarbeiter auch darum kümmern, dass Patienten die benötigten Arzneimittel erhalten. Das Angebot, bei der Einlösung behilflich zu sein, bei dem es den Patienten frei steht es anzunehmen, ist eine geeignete Maßnahme sicherzustellen, dass der Patient ordnungsgemäß versorgt wird.

---

82 Siehe hierzu auch Bericht des Ausschusses für Gesundheit, BT-Drucks. 14/8930 vom 25.04.2002.
83 BGBl I, 2570, Art. 2a.
84 OVG Nordrhein-Westfalen, Apotheke & Recht 2000, 26 ff.

Bei der Erteilung der Apothekenbetriebserlaubnis muss der Apotheker an Eides statt versichern, dass er keinerlei Absprachen mit Ärzten über die Zuweisung von Verschreibungen in dem genannten Sinne getroffen hat[85].

e) Exkurs: Medizinische Versorgungszentren

Die Frage, ob und inwieweit sich Apotheker an medizinischen Versorgungszentren nach § 95 Abs. 1 SGB V[86] beteiligen können, gewinnt eine immer größere praktische Bedeutung. Apothekenrechtlich ist die Beantwortung dieser Frage eng mit den Vorgaben von § 8 ApoG und § 11 ApoG verknüpft. Gemäß § 95 Abs. 1 Satz 3 2. Hs. SGB V können medizinische Versorgungszentren von den Leistungserbringern, die aufgrund einer Zulassungsermächtigung oder eines Vertrages an der medizinischen Versorgung der gesetzlich Krankenversicherten teilnehmen, gegründet werden. Die medizinischen Versorgungszentren können sich aller zulässigen Organisationsformen bedienen. Anders als Ärzte, die für das medizinische Versorgungszentrum als Angestellte oder Vertragsärzte tätig sind, kann eine Apotheke jedoch nicht in ein medizinisches Versorgungszentrum dergestalt integriert werden, dass sie gleichsam als Einlage erbracht wird. Denn auch im Bereich der medizinischen Versorgungszentren gilt das Fremdbesitzverbot. Sind an einem medizinischen Versorgungszentrum neben einem Apotheker gesellschaftsrechtlich noch ein oder mehrere Leistungserbringer beteiligt, wäre ein Verstoß gegen das Fremdbesitzverbot gegeben. Zudem wäre durch die Vorgaben des § 8 ApoG die Betriebsform GmbH für ein Versorgungszentrum, das zugleich eine Apotheke betreibt, unzulässig. Es besteht deshalb weitgehend Einigkeit, dass sich ein Apotheker als Leistungserbringer zwar als Gesellschafter an einem medizinischen Versorgungszentrum – ebenso wie auch an anderen Gesellschaften – beteiligen kann, der Betrieb der Apotheke hiervon jedoch unabhängig ist. Der Apothekenbetrieb ist lediglich eine persönliche Voraussetzung für den Apotheker, um Gesellschafter in einem MVZ zu werden[87]. Apotheker können ein MVZ auch nicht leiten. Die Leitung ist, wie sich aus § 95 Abs. 1 Satz 2 SGB V ergibt, den Ärzten vorbehalten.

Die Beteiligung eines Apothekers an einem medizinischen Versorgungszentrum führt auch nicht dazu, dass die für das medizinische Versorgungszentrum tätigen Ärzte diesem Verschreibungen, die für ihre Patienten bestimmt sind, zuweisen können. Das Verbot des § 11 Abs. 1 Satz 1 ApoG gilt nach wie vor. Nur

---

85 Vereinbarungen über die Zuweisung von Verschreibungen mit Ärzten können auch dazu führen, dass die Approbation widerrufen wird, vgl. Bayerischer Verwaltungsgerichtshof, Beschluss vom 30.07.2002, Az. 22 ZB 02.1430.
86 Zur Zulassungspraxis im Arztbereich Lindenau, Gesundheitsrecht 2005, 494 ff.
87 Siehe hierzu auch *Hohmann/Klawonn*, Das medizinische Versorgungszentrum (MVZ – Die Verträge) S. 150, Rdnr. E 63; allgemein auch *Schade*, Apotheke & Recht 2004, 18, 21.

für die integrierte Versorgung, nicht aber für medizinische Versorgungszentren hat der Gesetzgeber eine Ausnahme vorgesehen[88]. Zulässig wäre aber eine Kooperation zwischen MVZ und den für das MVZ tätigen Ärzte und Apotheken, die auf Informationen über Arzneimittel, Selbstbeteiligungen, Messungen von Körperwerten etc. abzielt. Mit den vertraglichen Vereinbarungen darf jedoch nicht der Versuch unternommen werden, das MVZ an Umsätzen mit Rezepten, die von Ärzten des MVZ stammen, zu beteiligen.

f) Folgen

Hat ein Antragsteller Vereinbarungen geschlossen, die gegen §§ 8, 9, 10 oder 11 ApoG verstoßen, ist nicht nur die Versicherung an Eides statt unrichtig und die Apothekenbetriebserlaubnis gefährdet. § 12 ApoG ordnet die Nichtigkeit für Rechtsgeschäfte, die ganz oder teilweise gegen §§ 8 Satz 2, 9 Abs. 1, 10, 11 ApoG verstoßen, an. In diesem Fall ist eine Abwicklung nach den Grundsätzen der ungerechtfertigten Bereicherung notwendig.

6. Gesundheit

Gemäß § 2 Abs. 1 Ziff. 7 ApoG darf der Antragsteller nicht in gesundheitlicher Hinsicht ungeeignet sein, eine Apotheke ordnungsgemäß zu leiten. Der Antragsteller hat hier regelmäßig ein amtsärztliches Zeugnis, in dem ihm bescheinigt wird, dass er zur Leitung einer Apotheke gesundheitlich und körperlich in der Lage ist, beizubringen.

7. Sonstiges

Die §§ 2 Abs. 2, 2a, 3 ApoG regeln Besonderheiten für Angehörige der EU-Mitgliedstaaten und Übergangsvorschriften im Zusammenhang mit der deutschen Einheit. Auf diese Regelungen wird hier nicht gesondert eingegangen.

III. Sachliche Voraussetzungen

Die Anforderungen an die Apothekenbetriebsräume und ihre Ausstattung sind in der Apothekenbetriebsordnung, §§ 3, 4 ApBetrO, die aufgrund der Ermächtigungsgrundlage in § 21 Abs. 2 Ziff. 4, 5, 6 ApoG erlassen wurde, geregelt.

---

88 Siehe hierzu auch *Wigge*, Medizinrecht 2004, 123, 132 f.; *Hohmann/Klawonn*, a.a.O., S. 150 Rdnr. 63 f.

1. Räumlichkeiten der Apotheke

a) Allgemeine Anforderungen

Die Betriebsräume müssen nach Art, Größe, Zahl, Lage und Einrichtung geeignet sein, einen ordnungsgemäßen Apothekenbetrieb, insbesondere die einwandfreie Entwicklung, Herstellung, Prüfung, Lagerung, Verpackung sowie eine ordnungsgemäße Abgabe von Arzneimitteln und die Information und Beratung über Arzneimittel, auch mittels Einrichtungen der Telekommunikation zu gewährleisten[89]. Die Apothekenbetriebsräume sind gemäß § 4 Abs. 1 Satz 3 ApBetrO in einwandfreiem hygienischem Zustand zu halten.

b) Größe und Einrichtung

§ 4 Abs. 2 ApBetrO konkretisiert die in § 4 Abs. 1 ApBetrO enthaltenen Grundsätze. Eine Apotheke muss mindestens aus einer Offizin, einem Laboratorium, ausreichendem Lagerraum und einem Nachtdienstzimmer bestehen. Die Offizin muss einen Zugang zu öffentlichen Verkehrsflächen haben. Sie muss so eingerichtet sein, dass die Vertraulichkeit der Beratung gewahrt werden kann.

Das Laboratorium muss mit einem Abzug mit Abzugsvorrichtung oder mit einer entsprechenden Einrichtung, die die gleiche Funktion erfüllt, ausgestattet sein. Eine Lagerhaltung von Arzneimitteln unterhalb einer Temperatur von 20 Grad Celsius muss möglich sein. In den Apothekenbetriebsräumen müssen Arzneimittel in den verschiedenen Darreichungsformen qualitätsgerecht hergestellt werden können.

Die Grundfläche für Offizin, Laboratorium, Lagerraum, Nachtdienstzimmer muss gemäß § 4 Abs. 2 Satz 5 ApBetrO mindestens 110 qm betragen. Eine Regelung, welche Grundfläche die Apothekenbetriebsräume nicht überschreiten dürfen, ist in der Apothekenbetriebsordnung nicht enthalten. In verschiedenen Einkaufszentren finden sich Apotheken mit Flächen von 500 qm und mehr. Allerdings versuchen teilweise die Landesbehörden[90] die Größe der Apothekenbetriebsräume zu beschränken[91]. Solche Beschränkungen sind verfassungsrechtlich jedoch nicht haltbar. Solange die ordnungsgemäße Arzneimittelversorgung der Bevölkerung gewährleistet ist, besteht kein Grund, die Größe der Offizin oder die Angebotsfläche für Waren des Apothekenrandsortiments zu beschränken.

---

89 Zu Einzelheiten *Pfeil/Pieck/Blume*, Apothekenbetriebsordnung, Stand 2005, § 4 Rdnr. 2 ff.; *Cyran/Rotta*, a.a.O., § 4 Rdnr. 6 ff.

90 Vgl. Erlass des Ministeriums für Arbeit, Gesundheit und Soziales Nordrhein-Westfalen vom 18.01.1992.

91 Nach dem genannten Erlass des Ministeriums darf die Größe einer Offizin 30 % der Gesamtfläche der Apothekenbetriebsräume nicht überschreiten. Die apothekenüblichen Waren (Randsortiment) gemäß § 25 ApBetrO dürfen auf höchstens 50 % der Fläche der Offizin angeboten werden.

Gemäß § 4 Abs. 4 ApBetrO sollen die Apothekenbetriebsräume so angeordnet werden, dass jeder Raum ohne Verlassen der Apotheke zugänglich ist. Ausnahmen bestehen nur bei Räumen, die der Krankenhausversorgung[92], der Zytostatikazubereitung[93] und dem Versand[94] dienen. Diese Räume müssen aber in angemessener Nähe zu den übrigen Betriebsräumen liegen.

§ 4 Abs. 5 ApBetrO fordert, dass die Betriebsräume einer Apotheke von anderweitig gewerblich oder freiberuflich genutzten Räumen sowie von öffentlichen Verkehrsflächen und Ladenstraßen durch Wände oder Türen abzutrennen sind. Hierdurch soll verhindert werden, dass gewerblich oder freiberuflich genutzte Räume optisch oder organisatorisch in den Betriebsablauf einer Apotheke integriert werden[95]. Zu der Frage, wann die Betriebsräume der Apotheke ausreichend abgetrennt sind, und wann nicht, sind eine Vielzahl von Auseinandersetzungen geführt worden. In der Vergangenheit ist die Abgetrenntheit der Betriebsräume verneint worden, wenn zu anderen gewerblich genutzten Räumen zwar eine Tür vorhanden war, diese aber während der Öffnungszeiten offen stand. Aus der gleichwertigen Nennung von „Wänden oder Türen" in § 4 Abs. 5 ApBetrO ist geschlossen worden, dass die Trennung durch eine Tür ähnlich sein müsse wie durch eine Wand[96]. Für einen Kunden müsse eindeutig erkennbar sein, wo die Apotheke aufhöre und ein anderes Geschäft beginne[97].

Angesichts des Wandels des Apothekenrechts, der Zulassung von Außenpräsentationen, erweiterter Werbemaßnahmen, Versand, Botendienst und Heimbelieferung ist diese konservative Rechtsprechung kaum mehr aufrecht zu erhalten. Die Sicherheit der ordnungsgemäßen Arzneimittelversorgung der Bevölkerung, der Apothekengesetz und Apothekenbetriebsordnung dienen, und die die Einschränkungen der Berufsfreiheit rechtfertigt, wird durch offene Apothekentüren sicherlich nicht beeinträchtigt.

Gemäß § 4 Abs. 6 ApBetrO sind wesentliche Veränderungen von Größe und Lage der Betriebsräume der zuständigen Behörde vorher anzuzeigen. Sollen Versandräumlichkeiten oder Räumlichkeiten zur Krankenhausversorgung ausgelagert werden, ist dies frühzeitig der zuständigen Behörde mitzuteilen.

Der Antragsteller hat gemäß § 2 Abs. 1 Ziff. 6 ApoG durch Vorlage eines entsprechenden Mietvertrages, aus dem sich auch Einzelheiten über die Räume ergeben, nachzuweisen, dass er im Falle der Erteilung der Erlaubnis über die nach der Apothekenbetriebsordnung vorgeschriebenen Räume verfügen wird.

---

92 Dazu unten S. 85.
93 Dazu oben S. 22.
94 Dazu unten S. 66.
95 Vgl. *Cyran/Rotta*, a.a.O., § 4, Rdnr. 128.
96 Vgl. etwa *Cyran/Rotta*, a.a.O., § 4 Rdnr. 130; VG Frankfurt am Main, DAZ 1991, 1325.
97 Vgl. OVG Saarland, PZ 1998, 100; *Cryan/Rotta*, a.a.O., § 4 Rdnr. 130.

2. Ausstattung

a) Geräte und Prüfmittel

Für die Ausstattung gibt § 4 Abs. 7, 8 ApBetrO konkrete Vorgaben. Danach muss die Apotheke so mit Geräten ausgestattet sein, dass Arzneimittel und Darreichungsformen, Kapseln, Salben, Pulver, Drogenmischungen, Lösungen, Suspensionen, Emulsionen, Extrakte, Tinkturen, Suppositorien und Ovola ordnungsgemäß hergestellt werden können. Außerdem muss die Herstellung von sterilen Arzneimitteln und von Wasser für Injektionszwecke möglich sein. Der Verordnungsgeber hat durch Anlage 1 zur Apothekenbetriebsordnung eine Vielzahl weiterer konkreter Vorgaben, welche Geräte und Prüfmittel genau vorhanden sein müssen, gemacht[98].

b) Wissenschaftliche Hilfsmittel

Die Apothekenbetriebsordnung schreibt nicht nur vor, welche Geräte und Prüfmittel in einer Apotheke vorhanden sein müssen, sondern erlegt dem Apotheker außerdem auf, wissenschaftliche und sonstige Hilfsmittel zur Hand zu haben. Nach § 5 Ziff. 1 ApBetrO müssen in einer Apotheke wissenschaftliche Hilfsmittel, die zur Herstellung und Prüfung von Arzneimitteln und Ausgangsstoffen nach den anerkannten pharmazeutischen Regeln im Rahmen des Apothekenbetriebs notwendig sind, insbesondere das Arzneibuch[99], der Deutsche Arzneimittel-Codex[100] und ein Verzeichnis der gebräuchlichen Bezeichnungen für Arzneimittel und deren Ausgangsstoffe vorhanden sein. Diese Hilfsmittel sind regelmäßig zu aktualisieren, also durch Neuauflagen zu ersetzen, wenn solche herausgekommen sind oder mit Ergänzungslieferungen bei Loseblattsammlungen zu aktualisieren. In der apothekenrechtlichen Literatur[101] findet sich eine Wiedergabe der Empfehlungen der ehrenamtlichen Pharmazieräte und hauptamtlichen Amtsapotheker, welche Literatur in Apotheken vorhanden sein sollte.

§ 5 Ziff. 2 ApBetrO fordert, dass wissenschaftliche Hilfsmittel, die zur Information und Beratung des Kunden über Arzneimittel notwendig sind, insbesondere Informationsmaterial über die Zusammensetzung, Anwendungsgebiete, Gegenanzeigen, Nebenwirkungen, Wechselwirkungen mit anderen Mitteln, Dosierungsanleitungen über die Herstellung der gebräuchlichen Fertigarzneimittel sowie über die gebräuchlichen Dosierungen von Arzneimitteln in der Apotheke greifbar sind[102].

---

98 Im einzelnen hierzu Spegg, Apothekenbesichtigung; *Cyran/Rotta*, a.a.O., § 4 Rdnr. 140 ff.
99 Vgl. die gesetzliche Definition in § 75 Abs. 1 AMG; zwischenzeitlich handelt es sich um mehrere Bücher, nämlich Deutsches Arzneibuch, Europäisches Arzneibuch, Homöopathisches Arzneibuch.
100 Herausgegeben von der ABDA, der DAC enthält Monographien von Arzneistoffen, Hilfsstoffen und pflanzlichen Drogen, die im Arzneibuch nicht berücksichtigt sind.
101 *Cyran/Rotta*, a.a.O., § 5 Rdnr. 23 ff.; *Pfeil/Pieck/Blume*, a.a.O., § 5 Rdnr. 23 ff.
102 *Pfeil/Pieck/Blume*, a.a.O., § 5 Rdnr. 29 ff.

§ 5 ApBetrO steht in engem Zusammenhang mit § 20 ApBetrO, der die Informations- und Beratungspflichten des Apothekers normiert. Ohne die notwendigen wissenschaftlichen Hilfsmittel, auf die sich § 5 ApBetrO bezieht, ist die ordnungsgemäße Erfüllung der Beratungspflichten in vielen Fällen nicht möglich. Unabdingbar ist etwa das Vorhandensein der jährlich erscheinenden Roten Liste, der Original-Lauer-Taxe oder des Pschyrembels[103]. Die Beratungspflicht des Apothekers bezieht sich nach § 20 ApBetrO nicht nur auf Kunden, sondern auch auf die Beratung von Personen, die zur Ausübung der Heilkunde, Zahnheilkunde, der Tierheilkunde berechtigt sind, sofern diese der Beratung bedürfen und eine Beratung wünschen[104]. § 5 Ziff. 3 ApBetrO sieht vor, dass in der Apotheke die hierfür benötigten wissenschaftlichen Hilfsmittel vorhanden sind.

Nach § 5 Ziff. 4 ApBetrO hat ein Apotheker auch die Texte der geltenden Vorschriften des Apotheken-, Arzneimittel-, Betäubungsmittel-, Heilmittelwerbe- und des Chemikalienrechts greifbar zu haben. Daneben finden sich in unterschiedlichsten Vorschriften und Verordnungen weitere Unterlagen, die ein Apotheker griffbereit haben muss. Es handelt sich etwa um die Befähigungsnachweise seines Personals, abgeschlossene Verträge, sei es Heimversorgungs- oder Krankenhausversorgungsvertrag, Versandhandelserlaubnis, Versicherungsnachweis, Dokumentationen für den Versandhandel vorgeschriebene Aushänge etc.[105]

c) Arzneimittel-Vorrat

Die Apotheke hat Arzneimittel zu bevorraten. Dies regelt § 15 ApBetrO. Danach hat der Apothekenleiter die zur Sicherstellung einer ordnungsgemäßen Arzneimittelversorgung der Bevölkerung notwendigen Arzneimittel sowie Verbandsstoffe, Einwegspritzen und Einwegkanülen in einer Menge vorrätig zu halten, die mindestens dem durchschnittlichen Bedarf für eine Woche entspricht. In der Anlage 2 zu § 15 Abs. 1 Satz 1 ApBetrO sind zahlreiche Arzneimittelgruppen, die vorrätig gehalten werden müssen, aufgeführt. In der Anlage 3 sind außerdem Arzneimittel genannt, die unbedingt vorrätig gehalten werden müssen. Es handelt sich dabei um Antidote, die ein wirkungsvolles Notrettungssystem und eine Erstversorgung in Notfällen gewährleisten sollen[106].

§ 15 Abs. 2 ApBetrO regelt die Bevorratung bestimmter Notfallarzneimittel in der Apotheke bzw. deren kurzfristige Beschaffbarkeit. Da es sich dabei um teure, selten benötigte und begrenzt haltbare Arzneimittel handelt, gibt es in allen Bun-

---

103 Siehe zu den weiteren Hilfsmitteln auch *Cyran/Rotta*, a.a.O., § 5 Rdnr. 28 ff.
104 Zur beschränkten Beratungsbedürftigkeit der Fachkreise BVerfGE 107, 186, 202 f.
105 Vgl. ausführlich hierzu Spegg/Schmidt, Apothekenbesichtigung, Loseblattsammlung.
106 Zu Einzelheiten siehe *Cyran/Rotta*, a.a.O., § 15 Rdnr. 14 ff.; *Pfeil/Pieck/Blume*, a.a.O., Rdnr. 9 ff.

desländern Notfalldepots, in denen diese Arzneimittel vorhanden sind und auf die im Bedarfsfall kurzfristig zurückgegriffen werden kann[107].

Sofern die Apotheke einen Krankenhausversorgungsvertrag geschlossen hat, obliegen ihr gesteigerte Bevorratungspflichten gemäß § 15 Abs. 3 ApBetrO. Es ist nicht nur der Bedarf für eine Woche, sondern für zwei Wochen vorrätig zu halten, außerdem muss sich der Vorrat speziell auf die Arzneimittel beziehen, die im Krankenhaus zur Versorgung der Patienten regelmäßig benötigt sind. Hierzu hat das Krankenhaus eine Liste zu erstellen[108].

3. Ergebnis

Liegen die persönlichen und sachlichen Voraussetzungen vor, ist dem Antragsteller die Apothekenbetriebserlaubnis zu erteilen. Die Behörde hat kein weiteres Ermessen.

IV. Firma

Ein Apotheker ist nicht nur Angehöriger eines freien Berufes, sondern zugleich Kaufmann[109]. Als solcher unterliegt er den handelsrechtlichen Vorschriften, die für Kaufleute gelten[110]. Für den Apotheker gelten auch die Firmierungsvorschriften der §§ 17 ff. HGB[111]. Nach § 18 Abs. 1 HGB muss die Firma zur Kennzeichnung des Kaufmanns geeignet sein und Unterscheidungskraft besitzen. Die Firma darf nach § 18 Abs. 2 HGB ferner keine Angaben enthalten, die geeignet sind, über geschäftliche Verhältnisse, die für die angesprochenen Verkehrskreise wesentlich sind, irrezuführen[112]. Gemäß § 30 HGB gilt der Grundsatz der Firmenunterscheidbarkeit. Die gewählte Firma muss sich von den schon am selben Ort oder in derselben Gemeinde bestehenden und eingetragenen Firmen deutlich unterscheiden, damit der Rechtsverkehr nicht Verwechslungen unterliegt. Gerade im Bereich der Dienstbereitschaft und des Notdienstes[113] können gleichfirmierende Apotheken in einem Ort zu Verwirrungen führen.

---

107 Zu den Adressen der Notfalldepots auch *Pfeil/Pieck/Blume*, a.a.O., § 15 Rdnr. 13 ff., geordnet nach Bundesländern.
108 Vgl. hierzu unten S. 111.
109 BVerfGE 94, 372, 393.
110 Vgl. BGH, NJW 1983, 2086; *Baumbach/Hopt*, HGB, 31. Aufl. 2003, § 1 Rdnr. 19.
111 Siehe auch *Pfeil/Pieck/Blume*, a.a.O., § 4 Rdnr. 144 m.w.N.
112 Siehe hierzu auch *Kieser/Leinekugel*, Apotheke & Recht 2004, 61, 64 f. m.w.N.; *Kieser*, ABC der Apothekenwerbung, Stichpunkt Guten Tag-Apotheke; Internationale Apotheke; Naturapotheke.
113 Siehe dazu unten S. 104.

Darüber hinaus können Rechte an eingetragenen Marken, wie sie in der jüngsten Zeit vermehrt gerade im Bereich der Apothekennamen vorkommen[114], und Unternehmenskennzeichen gemäß § 5 Abs. 1, Abs. 2 MarkenG verletzt worden. Vor der Eröffnung einer neuen Apotheke und der Investition nicht unerheblicher Beträge in Marketing, Internetseite, Geschäftspapiere, Leuchtreklame etc. sollte deshalb geklärt werden, ob gegebenenfalls andere Kennzeichenrechte beeinträchtigt werden[115].

V. Filialapotheke

Zum 01.01.2004 ist an die Stelle des strikten Mehrbesitzverbotes ein Vielbesitzverbot getreten. Apotheker können kleine, lokale Apothekenketten betreiben; große oder räumlich weit auseinanderliegende Apothekenketten sind jedoch nach wie vor unzulässig. Die Grundlagen hierfür sind mit § 1 Abs. 2 ApoG und § 2 Abs. 4, 5 ApoG[116] geschaffen worden. Danach kann einem Apotheker die Genehmigung zum Betrieb einer Apotheke und bis zu drei Filialapotheken erteilt werden, sofern die Apotheken innerhalb desselben Kreises oder derselben kreisfreien Stadt oder in einander benachbarten Kreisen oder kreisfreien Städten liegen. Eine der Apotheken hat der Betreiber als sogenannte Hauptapotheke persönlich zu leiten. Für die anderen Apotheken (Filialapotheken) muss der Betreiber einen Apotheker als Verantwortlichen benennen, der die Anforderungen, die Apothekengesetz und Apothekenbetriebsordnung für Apothekenleiter festlegen, erfüllt.

1. Mehrbetriebserlaubnis

Der Gesetzgeber hat die Filialapotheke als vollwertige Apotheke ausgestaltet[117]. Für den Betrieb einer Filialapotheke ist damit eine Betriebserlaubnis notwendig. Wie sich aus dem Wortlaut des § 2 Abs. 4 ApoG ergibt, handelt es sich um eine Erlaubnis für mehrere Betriebsstätten und nicht um eine separate Erlaubnis für jede einzelne Apotheke. Es gilt der Grundsatz der Einheitlichkeit der Betriebserlaubnis[118]. Ein Apotheker hat nicht nur Anspruch auf Erteilung einer Apothekenbetriebserlaubnis, wenn er die persönlichen und sachlichen Vorausset-

---

114 Eine Recherche im deutschen Markenregister weist zwischenzeitlich knapp 350 Treffer für das Stichwort Apotheke auf. Geschützt sind Kennzeichen wie Adler-Apotheke, Apotheke 24, Jumbo-Apotheke, City-Apotheke, Herz-Apotheke, Löwen-Apotheke etc.
115 Siehe zu diesem Komplex auch ausführlich *Kieser/Leinekugel*, Apotheke & Recht 2004, S. 61 ff.
116 Eingeführt durch das GKV-Modernisierungsgesetz vom 14.11.2003, BGBl I, S. 2190 ff.
117 Vgl. Amtliche Begründung, BT-Drucks. 15/1525 vom 08.09.2003, S. 160.
118 Vgl. *Dettling/Kieser*, in: *Herzog/Dettling/Kieser/Spielvogel*, a.a.O., S. 109, 110; *Mecking*, AWA 01.01.2004, 8; *Meyer*, DAZ 2004, 865, 873.

zungen erfüllt, sondern auch Anspruch auf Erteilung der Mehrbetriebserlaubnis nach § 2 Abs. 4 ApoG.

Ein Ermessen der zuständigen Behörde ist nicht vorgesehen. Bei der Beantragung der Erweiterung der Betriebserlaubnis auf eine (weitere) Filialapotheke ist der Bestandsschutz für die bisherige(n) Apotheke(n) zu berücksichtigen. Die gesetzliche Formulierung in § 2 Abs. 4 Nr. 1 ApoG ist darauf zugeschnitten, dass der Antragsteller noch keine Betriebserlaubnis hat und einen Antrag auf Erteilung der Betriebserlaubnis sowohl für eine Haupt- als auch für eine oder mehrere Filialapotheke(n) stellt. In der Praxis wird dies, außer in den Fällen, in denen eine ganze Kette erworben wird, kaum vorkommen.

Beantragt der Antragsteller die Erweiterung der Erlaubnis auf den Betrieb einer weiteren Filialapotheke besteht Bestandsschutz für die bisherige Erlaubnis[119], da die persönlichen und sachlichen Voraussetzungen für den Betrieb der bisherigen Apotheke von der Behörde schon geprüft worden sind. Durch die Erteilung der Apothekenbetriebserlaubnis für die bisherige Apotheke hat die Behörde zum Ausdruck gebracht, dass die apothekenrechtlichen Voraussetzungen erfüllt sind. Insoweit besteht eine materielle Bindungswirkung. Eine Versagung der Apothekenbetriebserlaubnis aus Gründen, die in der Person des Antragstellers liegen, ist nur zulässig, wenn diese Gründe neu sind und nicht schon von der Behörde bei der ersten Erteilung der Erlaubnis gewürdigt wurden. Die betriebsbezogenen Voraussetzungen des § 2 Abs. 1 ApoG sind nur für die neue Apotheke, auf die die Apothekenbetriebserlaubnis erweitert werden soll, zu prüfen[120].

Ein Apothekenunternehmen muss nicht homogen sein. So kann der Betreiber eines Apothekenunternehmens teilweise Eigentümer der Apotheke sein, teilweise die Apothekenbetriebsräume angemietet haben oder auch eine Apotheke seines Apothekenunternehmens als Pächter betreiben[121]. Denn die Pächtererlaubnis und die Inhabererlaubnis stellen keine unterschiedliche Arten von Betriebserlaubnissen dar[122].

2. Räumliche Ausdehnung

Gemäß § 2 Abs. 4 Nr. 2 ApoG müssen die vom Antragsteller zu betreibende Hauptapotheke und die von ihm zu betreibende(n) Filialapotheke(n) innerhalb desselben Kreises oder derselben kreisfreien Stadt oder in einander benachbarten Kreisen oder kreisfreien Städten liegen. Die Begrenzung auf maximal vier Apotheken und zusätzlich auf einen Kreis oder benachbarten Kreis ist nach der

---

119 Vgl. *Dettling/Kieser*, in: *Herzog/Dettling/Kieser/Spielvogel*, a.a.O., S. 112.

120 *Dettling/Kieser*, in: *Herzog/Dettling/Kieser/Spielvogel*, a.a.O., S. 112 ff.

121 *Dettling/Kieser*, in: *Herzog/Dettling/Kieser/Spielvogel*, a.a.O., S. 114 f.

122 Vgl. *Dettling*, Apotheke & Recht 2002, 66, 69; anderer Auffassung *Tisch*, PZ 2003, S. 4508 ff.

Gesetzesbegründung notwendig, um dem Betreiber der Apotheken eine persönliche und somit effektive Kontrolle der Filialapotheken zu ermöglichen. Hierdurch soll weiterhin die persönliche Verantwortung des Apothekers für seine Apotheken gestützt und die Beeinflussung durch Dritte verhindert werden[123]. Allerdings spricht das Gesetz nicht von angrenzenden Kreisen, sondern von benachbarten Kreisen. Der Begriff des Nachbars ist sowohl umgangssprachlich als auch rechtlich regelmäßig weiter als der des Angrenzers, so dass eine Einzelfallbetrachtung notwendig ist, wann die räumlichen Voraussetzungen des § 2 Abs. 4 Nr. 2 ApoG gegeben sind und wann nicht[124].

1.

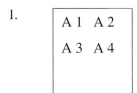

2.

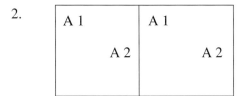

3.

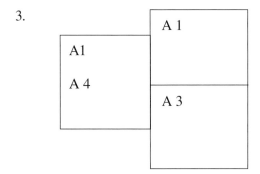

---

123 Vgl. Gesetzesbegründung BT-Drucks. 15/1525 vom 08.09.2003, S. 160.
124 So auch zutreffend VG Oldenburg, Urteil vom 20.04.2005, Az. 7 A 3318/04 im Bereich der Krankenhausversorgung.

4.

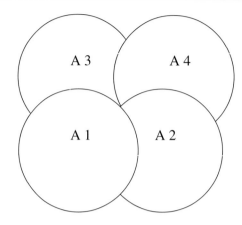

5.

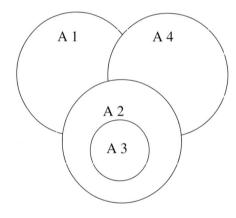

6.

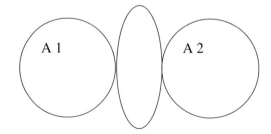

7.

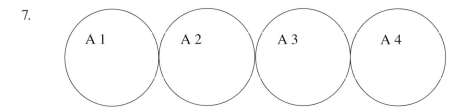

In Beispiel 1 befinden sich alle Apotheken in einem Stadt- oder Landkreis. Dies ist unproblematisch zulässig. Gleiches gilt für Beispiel 2, in dem sich alle Apotheken in zwei Kreisen, die aneinander angrenzen, angesiedelt haben. Auch in Beispiel 3 wird sich eine Behörde mit der Nichtgenehmigung schwer tun, da alle Kreise mit Apotheken aneinander angrenzen. In Beispiel 4 grenzen die Kreise ebenfalls aneinander, so dass die räumlichen Beschränkungen des § 2 Abs. 4 ApoG gewahrt sind.

Interessant ist Beispiel 5. Eine Filialapotheke (A 3) befindet sich in einem separaten Stadtkreis. Dieser ist aber ganz von einem angrenzenden Landkreis umschlossen. Einfach kann die Problematik umgangen werden, wenn A 2 zur Hauptapotheke deklariert wird. Es grenzen dann alle anderen Kreise an den Kreis mit der Hauptapotheke an. Aber auch wenn A 1 die Hauptapotheke ist oder die Apotheke A 2 wegfällt, ist diese Konstellation zulässig, da die Kreise noch benachbart sind[125]. Im Beispiel 6 grenzen die Landkreise nicht aneinander. Sie sind von einem schmalen Streifen eines anderen Landkreises getrennt. In Baden-Württemberg ist es beispielsweise bei den Landkreisen Tübingen und Esslingen der Fall, die wegen eines knapp 10 km breiten Streifens des Landkreises Reutlingen nicht aneinander grenzen. Liest man benachbart als angrenzend, wäre eine Genehmigung nicht möglich. Richtig muss aber eine Einzelfallbetrachtung, die Sinn und Zweck der Regelung, nämlich eine persönliche Überwachung zu ermöglichen berücksichtigt, erfolgen.

In Beispiel 7 wird es schwer, eine Genehmigung für das gesamte Unternehmen zu erhalten, da nicht alle Filialapotheken an die Hauptapotheke, gleich welche Apotheke man als Hauptapotheke wählt, angrenzen und auch größere Entfernungen zurückzulegen sind.

3. Erlaubnisbehörde

Die einzelnen Apotheken eines Apothekenunternehmens können in verschiedenen Landkreisen und zudem in verschiedenen Bundesländern liegen. In diesem Fall stellt sich die Frage, welche Behörde für die Erteilung der Erlaubnis zuständig ist.

---

125 Siehe hierzu auch VG Regensburg, Urteil vom 03.07.1995 – RN. 5 K-95.219.

Unproblematisch lässt sich die Frage beantworten, wenn die Apotheken in einem Bundesland liegen und aufgrund landesrechtlicher Vorschriften eine Behörde generell für die Erteilung der Apothekenbetriebserlaubnis zuständig ist.

In den Ländern, in denen dies nicht der Fall ist[126], fordert die Einheitlichkeit der Apothekenbetriebserlaubnis und der Umstand, dass die Mehrbetriebserlaubnis dem Betreiber erteilt wird, der die Hauptapotheke nach § 2 Abs. 5 Nr. 1 ApoG persönlich führt, dass für die Erteilung der Mehrbetriebserlaubnis die Behörde zuständig ist, in deren Bezirk die Hauptapotheke liegt[127]. Da für die Abnahme der neuen Apothekenbetriebsräume und für deren Überwachung diejenige Behörde örtlich zuständig ist, in deren Bezirk die jeweilige Filialapotheke liegt, ist diese Behörde, wenn sie nicht für die Erlaubniserteilung zuständig ist, über deren Erteilung, die sich auch auf eine Apotheke in ihrem Zuständigkeitsbereich bezieht, zu informieren. Ähnliches gilt, wenn die Apotheken in unterschiedlichen Bundesländern liegen. Die Behörde, in deren Sitz sich die Hauptapotheke befindet, ist zuständig, wobei die Behörde des anderen Bundeslandes an dem Genehmigungsverfahren zu beteiligen ist, da eine Landesbehörde nicht die Befugnis hat, einen Verwaltungsakt zu erlassen, der seine Rechtswirkungen in dem Gebiet eines anderen Bundeslandes entfaltet[128].

VI. Zweigapotheke

Ein Nischendasein fristet die Zweigapotheke. Nach § 16 ApoG kann die zuständige Behörde dem Inhaber einer nahegelegenen Apotheke auf Antrag die Erlaubnis zum Betrieb einer Zweigapotheke erteilen, wenn infolge Fehlens einer Apotheke ein Notstand in der Arzneimittelversorgung eintritt. Für die Zweigapotheke ist gemäß § 16 Abs. 2 Satz 1 ApoG ein Verwalter nach § 13 ApoG einzusetzen. Die Erlaubnis zum Betrieb der Zweigapotheke wird nur für einen Zeitraum von fünf Jahren erteilt, ist aber verlängerbar. Außerdem soll einem Apotheker nicht für mehr als eine Zweigapotheke die Erlaubnis erteilt werden. Die Zahl der Zweigapotheken liegt unter 100; sie finden sich ganz überwiegend in den neuen Bundesländern. Mit der Zulassung der Filialapotheken wird auch die Zahl der Zweigapotheken weiter zurückgehen, da das Interesse am Erhalt einer Erlaubnis für eine Zweigapotheke in vielen Fällen dadurch motiviert war, dass keine zweite vollständige Apotheke betrieben werden durfte.

Der Gesetzgeber stellt an den Betrieb einer Zweigapotheke geringere Anforderungen als an den Betrieb einer normalen öffentlichen Apotheke. Gemäß § 4

---

126 Etwa in Baden-Württemberg, Bayern, Nordrhein-Westfalen oder Sachsen.
127 Vgl. hierzu auch *Dettling/Kieser*, in: *Herzog/Dettling/Kieser/Spielvogel*, a.a.O., S. 119; *Mecking*, AWA 01.01.2004, 8.
128 Vgl. *Dettling/Kieser*, in: *Herzog/Dettling/Kieser/Spielvogel*, a.a.O., S. 119 f.

Abs. 3 ApBetrO muss eine Zweigapotheke nur aus einer Offizin, ausreichendem Lagerraum und einem Nachtdienstzimmer bestehen. Ein Laboratorium ist hingegen nicht notwendig. Eine Mindestfläche für eine Zweigapotheke gibt es nicht. Eine Zweigapotheke nimmt wie eine normale öffentliche Apotheke auch an Notdienstplänen teil[129]. Personell muss eine Zweigapotheke wie eine normale öffentliche Apotheke ausgestattet sein. Insbesondere ist die Anwesenheit von approbiertem Personal, das auch die Verwaltung inne hat, notwendig.

VII. Erlöschen und Rücknahme der Apothekenbetriebserlaubnis

Gemäß § 3 ApoG erlischt die Apothekenbetriebserlaubnis durch den Tod des Erlaubnisinhabers, durch Verzicht, durch Rücknahme oder Widerruf der Approbation als Apotheker, durch Verzicht auf die Approbation oder wenn ein Jahr von der Apothekenbetriebserlaubnis kein Gebrauch gemacht worden ist.

Gemäß § 4 Abs. 1 ApoG ist die Erlaubnis zurückzunehmen, wenn bei ihrer Erteilung eine der Voraussetzungen nach § 2 ApoG nicht vorgelegen hat. Sie ist nach § 4 Abs. 2 Satz 1 ApoG zu widerrufen, wenn nachträglich eine der Voraussetzungen nach § 2 Abs. 1 Nr. 1, 2, 4, 6 oder 7 ApoG weggefallen ist. Und sie kann widerrufen werden, wenn der Erlaubnisinhaber nachträglich Vereinbarungen getroffen hat, die gegen §§ 8 Satz 2 i.V.m. Satz 4, 9 Abs. 1, 10 oder 11 ApoG verstoßen.

Praktisch bedeutsam ist der Widerruf der Apothekenbetriebserlaubnis wegen eingetretener persönlicher Unzuverlässigkeit des Erlaubnisinhabers, insbesondere im Zusammenhang mit Ordnungswidrigkeiten oder Straftaten[130], und der Ermessenswiderruf des § 4 Abs. 2 Satz 2 ApoG bei Vereinbarungen, die insbesondere gegen §§ 8 Satz 2 und 11 ApoG verstoßen[131].

Eine gewisse Rolle spielt auch das Erlöschen der Apothekenbetriebserlaubnis infolge des Widerrufs der Approbation als Apotheker. Die Anordnung des Sofortvollzugs des Widerrufs der Apothekenbetriebserlaubnis durch die Behörde ist jedoch, wie das Bundesverfassungsgericht zutreffend dargelegt hat[132], nur in Ausnahmefällen zulässig. Zur Begründung hat es ausgeführt: Ein vorläufiges Berufsverbot habe während seiner Dauer ähnliche folgenschwere und irreparable Wirkungen für die berufliche Existenz eines Betroffenen wie die endgültige Aus-

---

129 Siehe VGH Baden-Württemberg, DAZ 2003, 2068; *Cyran/Rotta*, a.a.O., § 23 Rdnr. 20, Rdnr. 70.

130 Siehe auch VG Bremen, Apotheke & Recht 2003, 77 f. für einen Fall des Abrechnungsbetrugs.

131 Siehe hierzu Bayerischer Verwaltungsgerichtshof, Beschluss vom 30.07.2002, Az. 22 ZB 02.1430.

132 BVerfG, Apotheke & Recht 2003, 159.

schließung. Es weise aber die Besonderheit auf, dass die Maßnahme schon aufgrund einer summarischen Prüfung ohne erschöpfende Aufklärung der Pflichtwidrigkeit ergehe. Eine hohe Wahrscheinlichkeit, dass das Hauptsacheverfahren zum gleichen Ergebnis führe, reiche deshalb nicht aus, eine solche Sanktion zu rechtfertigen. Vielmehr müsse konkret festgestellt werden, dass die ergriffene Maßnahme zur Abwehr konkreter Gefahren für die Gemeinschaftsgüter notwendig sei. Zur ordnungsgemäßen anwaltlichen Beratung gehört deshalb in jedem Fall, einen angeordneten Sofortvollzug durch die Instanzen – bis hin zum Bundesverfassungsgericht – gerichtlich überprüfen zu lassen.

VIII. Betrieb der Apotheke ohne Betriebserlaubnis

Wird eine Apotheke ohne Betriebserlaubnis betrieben, hat die zuständige Behörde die Apotheke nach § 5 ApoG zu schließen. § 5 ApoG stellt eine spezielle Ermächtigung gegenüber § 64 Abs. 4 AMG dar[133]. Über § 64 Abs. 3, Abs. 4 Nr. 4 AMG i.V.m. § 69 AMG wird gegen Verhaltensweisen des Inhabers einer Apothekenbetriebserlaubnis vorgegangen, die nicht apothekenrechtskonform sind. § 5 ApoG greift hingegen eine Stufe früher. Fehlt eine Apothekenbetriebserlaubnis hat die Behörde kein Ermessen; sie kann keine anderen Maßnahmen außer der Schließung treffen.

Eng im Zusammenhang mit § 5 ApoG steht § 23 ApoG. Danach wird mit Freiheitsstrafe bis zu sechs Monaten oder mit Geldstrafe bis zu 180 Tagessätzen bestraft, wer vorsätzlich oder fahrlässig ohne die erforderliche Erlaubnis oder Genehmigung eine Apotheke, Krankenhausapotheke oder Zweigapotheke betreibt oder verwaltet. Von grundlegender Bedeutung ist, wann ein Betreiben ohne Apothekenbetriebserlaubnis vorliegt. In einem instruktiven Fall hat der Bundesgerichtshof grundlegende Ausführungen hierzu gemacht[134]. Dieser Entscheidung lag im wesentlichen folgender Sachverhalt zugrunde:

Apotheker S. beherrschte mehrere Gesellschaften. Eine davon befasste sich mit dem Groß- und Einzelhandel von Apotheken-, Sanitär- und Laborbedarf, eine andere mietete Räumlichkeiten zum Betrieb von Apotheken an und vermietete diese jeweils an approbierte Apotheker, die ein unternehmerisches Risiko scheuen, weiter. Mit den Mietern vereinbarte Apotheker S. Einkünfte, die sich am erweiterten Umsatz der Apotheke und an dem Einkommen eines angestellten Apothekers in vergleichbarer Position orientierten. Der den Apothekern zustehende Entnahmeanspruch richtete sich nach den für das jeweilige Geschäftsjahr in Aus-

133 Zur Möglichkeit der Überwachungsbehörden unangemeldet die Apothekenbetriebsräume zu besichtigen, siehe VGH Baden-Württemberg, Beschluss vom 27.01.2004, Az. 9 S 1343/03; hierzu auch Sucker, DAZ 2004, 1214 f.
134 BGH NJW 2002, 2724 ff.

sicht genommenen Garantieeinkünften zuzüglich einer Provision vom Umsatz, sofern dieser eine bestimmte Höhe überschritt. Ein darüber hinaus erzielter Gewinn wurde durch Mieterhöhungen sowie dadurch abgeschöpft, dass Zahlungen für die Überlassung von EDV-Software, die Durchführung von Schulungs- und Trainingsmaßnahmen oder für Marketing und Beratung an die Gesellschaften des Apothekers geleistet wurden. Den einzelnen Apothekern wurde für den Fall, dass der Umsatz nicht ausreichte, um die Garantieeinkünfte zu erwirtschaften, Forderungsstundungen und Mietsenkungen in Aussicht gestellt. Die gesamten Absprachen, insbesondere die Vereinbarungen über die Begrenzung des Entnahmeanspruchs und die Abschöpfung der Mehrerträge sind der Genehmigungsbehörde verschwiegen worden. Eingriffe in das Kerngeschäft des jeweiligen Apothekers, insbesondere in Auswahl, Beschaffung und Verkauf der Arzneimittel gab es jedoch ebenso wenig wie Weisungen in Bezug auf das von den Apothekern beschäftigte Apothekenpersonal.

Der Bundesgerichtshof[135] hatte sich mit der Frage auseinanderzusetzen, ob der geschilderte Sachverhalt den Straftatbestand des § 23 ApoG – Betreiben einer Apotheke ohne Apothekenbetriebserlaubnis – durch den Apotheker S. verwirklicht. Das Landgericht hatte dies bejaht und den Apotheker zu einer Geldstrafe von 360 Tagessätzen zu je 500,00 DM wegen Betreibens einer Apotheke ohne die erforderliche Erlaubnis in sieben Fällen verurteilt. Der Bundesgerichtshof hat diese Einschätzung nicht geteilt. Gemäß § 1 Abs. 2 ApoG sei der erlaubnispflichtige selbständige Betreiber der Apotheke derjenige, der die Apotheke im **eigenen Namen** führe, so dass er nach außen das rechtliche und wirtschaftliche Risiko aus den für die Apotheke abgeschlossenen Rechtsgeschäften trage. Im vorliegenden Fall hätten die einzelnen Apotheker die Apotheke im eigenen Namen und auf eigene Rechnung nach außen geführt.

Auch ein Strohmannverhältnis, das zu einem tatsächlichen Betreiben durch den Apotheker S. führe, sei nicht gegeben. Ein solches sei nicht schon dann anzunehmen, wenn der Apotheker durch Vereinbarungen mit einem Dritten in eine wirtschaftliche Abhängigkeit gebracht werde, die ihn in der Wahrnehmung der ihm nach § 7 Satz 1 ApoG obliegenden Pflicht zur persönlichen Leitung der Apotheke in eigener Verantwortung einschränke[136]. Der Gesetzgeber habe den Abschluss von Vereinbarungen, die zu wirtschaftlichen Abhängigkeiten führten, in § 8 Satz 2 ApoG besonderes geregelt und mit der Rechtsfolge der Nichtigkeit nach § 12 ApoG belegt. Außerdem sei ein solches Verhalten nach § 25 Abs. 1 Nr. 1 ApoG eine Ordnungswidrigkeit. Ein Strohmannverhältnis könne deshalb nur dann angenommen werden, wenn dem Erlaubnisinhaber aufgrund der getroffenen, nach § 8 Satz 2 ApoG unzulässigen Vereinbarungen kein oder jedenfalls

---

135 BGH NJW 2002, 2724 ff.
136 Vgl. BGH NJW 2002, 2724, 2725; BGHZ 75, 214, 216.

kein nennenswerter autonomer Handlungsspielraum für den Apothekenbetrieb verbleibe[137].

Solche autonome Handlungsspielräume waren jedoch noch vorhanden. Eine Einflussnahme im pharmazeutischen Bereich gab es nicht. Die einzelnen Apotheker führten ihr Personal selbständig. Sie hatten außerdem ein unternehmerisches Interesse an einem Mehrumsatz ihrer Apotheken, da sie an diesem prozentual beteiligt waren. Sie hatten ferner keinen Anspruch auf Ausgleich eventuell erwirtschafteter Verluste.

Diese Umstände führten nach Auffassung des Bundesgerichtshofs dazu, dass kein Betreiben ohne Apothekenbetriebserlaubnis durch den im Hintergrund agierenden Apotheker S. vorlag. Strafrechtlich belangt worden ist Apotheker S. dann doch noch. Und zwar wegen Anstiftung zur Abgabe einer falschen Versicherung an Eides statt mit Blick auf § 2 Abs. 1 Nr. 5 ApoG. Diese Entscheidung zeigt auch die praktische Bedeutung der Verpflichtung des Antragstellers, eine Versicherung an Eides statt über den Nichtabschluss von Vereinbarungen nach §§ 8 ff. ApoG abzugeben.

IX. Abnahme

Eine Apotheke darf nach § 6 ApoG erst eröffnet werden, nachdem die zuständige Behörde bescheinigt hat, dass die Apotheke den gesetzlichen Anforderungen entspricht (Abnahme). Das Abnahmeerfordernis gilt sowohl für Hauptapotheke als auch für Filialapotheken und Zweigapotheken. Bei der Abnahme wird von der zuständigen Behörde geprüft, ob die Apothekenbetriebsräume den apothekenrechtlichen, bau-, gewerberechtlichen und Unfallverhütungsvorschriften genügen und insbesondere auch mit Blick auf die Ausstattung (§§ 4, 5, 15 ApBetrO) einen ordnungsgemäßen Apothekenbetrieb gewährleisten.

Eine Abnahme nach § 6 ApoG ist nicht notwendig, wenn es sich nicht um eine Neu- oder Wiedereröffnung nach Umbau handelt, sondern lediglich der Inhaber der Apotheke wechselt, ohne dass Räume oder Einrichtung der Apotheke wesentlich verändert werden[138]. Für die Abnahme ist die Behörde zuständig, in deren Bezirk die Apotheke liegt[139]. Dies kann zu einem Auseinanderfallen der Zuständigkeiten für die Erteilung der Apothekenbetriebserlaubnis und der Abnahme führen.

Die Abnahme ist schon vor der Erteilung der Apothekenbetriebserlaubnis möglich, sofern die potentiellen Betriebsräume fertiggestellt sind und die Apotheke eingerichtet ist. In diesem Fall wird die Abnahme unter der Bedingung

---

137 Vgl. BGH NJW 2002, 2724, 2726.
138 Vgl. hierzu *Schiedermair/Pieck*, a.a.O., § 6 Rdnr. 7 f.
139 § 3 Abs. 1 Nr. 1 LVwVfG.

der Erteilung der Apothekenbetriebserlaubnis bestätigt. Wird die Apothekenbetriebserlaubnis im Anschluss erteilt, kann der Apotheker den Apothekenbetrieb unmittelbar aufnehmen. Gerade wenn die Eröffnung der Apotheke an einem bestimmten Tag erfolgen soll, weil ansonsten Vertragsstrafen drohen oder eine große Eröffnungsveranstaltung eines Centers mitgenommen werden soll, bietet sich an, die Abnahme möglichst früh durchzuführen, um eventuell Gelegenheit zum Nachbessern zu haben oder auch um gerichtliche Hilfe in Anspruch nehmen zu können.

X. Rechtsschutz

Die Erteilung der Apothekenbetriebserlaubnis für eine oder mehrere Betriebsstätten, Abnahme der Apothekenbetriebsräume, Rücknahme und Widerruf der Apothekenbetriebserlaubnis und die Schließung der Apotheke nach § 5 ApoG sind allesamt Verwaltungsakte[140]. Gegen diese kann Widerspruch und nach erfolgloser Durchführung des Widerspruchsverfahrens Verpflichtungs- oder Anfechtungsklage beim zuständigen Verwaltungsgericht eingelegt werden. Ein Widerspruchsverfahren ist nicht durchzuführen, wenn der Landesgesetzgeber dies bestimmt hat[141].

1. Apothekenbetriebserlaubnis

Besondere Bedeutung kommt dem einstweiligen Rechtsschutz zu. Entscheidet eine Behörde über einen Antrag auf Erteilung der Apotheken(mehr)betriebserlaubnis nicht zeitnah oder lehnt ihn zu Unrecht ab, kann Antrag auf Erlass einer einstweiligen Anordnung nach § 123 VwGO beim zuständigen Verwaltungsgericht gestellt werden. Ziel dieses Antrags ist es, die Erlaubnisbehörde zur Erteilung einer vorläufigen Betriebserlaubnis zu verpflichten. In dem Antrag ist der Sachverhalt durch Vorlage entsprechender Urkunden glaubhaft zu machen. Sämtliche Unterlagen, die der Antragsteller bei der Erlaubnisbehörde einreicht, müssen dem verwaltungsgerichtlichen Antrag beigefügt werden. Das Verwaltungsgericht prüft, da es sich um eine reine Rechtsfrage handelt, selbständig, ob die Apothekenbetriebserlaubnis zu erteilen ist. In der Praxis sind Entscheidungen eines Verwaltungsgerichts zur Erteilung der Apothekenbetriebserlaubnis selten. Üblicherweise nimmt das Verwaltungsgericht Kontakt zur Erlaubnisbehörde auf und

---

140 Hierzu auch *Dettling/Kieser*, in: *Herzog/Dettling/Kieser/Spielvogel*, a.a.O., S. 121 f.

141 So etwa in Baden-Württemberg. Nach § 6a AGVwGO Baden-Württemberg ist das Widerspruchsverfahren bei Verwaltungsakten, die ein Regierungspräsidium erlassen hat, wie es bei Erteilung der Apothekenbetriebserlaubnis der Fall ist, ausgeschlossen.

hält diese an, die Apothekenbetriebserlaubnis, wenn die entsprechenden Unterlagen vorliegen, zu erteilen.

2. Abnahme

Schwieriger gestaltet sich der einstweilige Rechtsschutz bei der Abnahme, da hier nicht nur Rechtsfragen zu klären sind, sondern bei der Beurteilung, ob die Apothekenbetriebsräume ordnungsgemäß ausgestattet sind, pharmazeutischer Sachverstand gefordert ist. Die Beweismittel sind im Verfahren der einstweiligen Anordnung beschränkt. Eine Augenscheinnahme scheidet ebenso aus wie die Einholung eines Sachverständigengutachtens oder die Vernehmung nicht präsenter Zeugen. Maßgeblich kommt es auf die Vorlage von Urkunden und die Glaubhaftmachung durch Versicherungen an Eides statt[142] an. Der Apotheker, der mit gerichtlicher Hilfe im Verfahren des einstweiligen Rechtsschutzes die Abnahme durchsetzen will, muss deshalb durch Vorlage von Urkunden, Lichtbildern und Versicherungen an Eides statt darlegen und beweisen, dass die Apotheke ordnungsgemäß ausgestattet ist, insbesondere also auch die Geräte und Stoffe, die die Anlage zu § 4 Abs. 8 ApBetrO vorschreibt, vorhanden sind, und die Apotheke einen nach § 15 ApBetrO ausreichenden Arzneimittelvorrat hat. Da ein solches Verfahren regelmäßig aufwendiger ist als ein gerichtliches Verfahren, das auf die Erteilung der Apothekenbetriebserlaubnis abzielt, empfiehlt es sich, zu versuchen, einen Abnahmetermin mit der Behörde zu vereinbaren, bevor die Apothekenbetriebserlaubnis erteilt wird.

3. Widerruf und Rücknahme

Gegen Verwaltungsakte, die die Apothekenbetriebserlaubnis widerrufen oder zurücknehmen, ist ebenfalls der Verwaltungsrechtsweg eröffnet. Wenn die Behörde den Sofortvollzug anordnet, kommt insbesondere ein Verfahren nach § 80 Abs. 5 VwGO in Betracht. An die Begründung und die Anordnung des Sofortvollzugs sind bei Widerruf und Zurücknahme der Apothekenbetriebserlaubnis, da es sich um gravierende Eingriffe handelt, hohe Anforderungen mit Blick auf die Gefährdung der Bevölkerung zu stellen[143].

---

142 § 123 Abs. 3 i.V.m. § 920 ZPO i.V.m. § 292 ZPO.
143 Vgl. oben S. 37.

B. Der Betrieb der öffentlichen Apotheke

I. Personal

1. Grundsatz der Eigenverantwortlichkeit

Gemäß § 7 Satz 1 ApoG verpflichtet die Apothekenbetriebserlaubnis zur persönlichen Leitung der Apotheke in eigener Verantwortung. Bei Filialapotheken trifft diese Verantwortung den Filialleiter, wobei die Verpflichtung des Erlaubnisinhabers als Betreiber des Apothekenunternehmens gemäß § 7 Satz 2, 2. Halbsatz ApoG unberührt bleibt. Korrespondierend zu der Vorschrift in § 7 Satz 1 ApoG verpflichtet § 2 Abs. 2 ApBetrO den Apothekenleiter dazu, die Apotheke persönlich zu leiten. Der Apothekenleiter ist dafür verantwortlich, dass die Apotheke unter Beachtung der geltenden Vorschriften betrieben wird. § 2 Abs. 1 ApBetrO definiert für die verschiedenen Apothekentypen[144], wer Apothekenleiter ist.

2. Vertretung des Apothekenleiters

a) Vertretung durch einen Apotheker

Nach § 2 Abs. 5 ApBetrO muss sich ein Apothekenleiter, sofern er seine Verpflichtung zur persönlichen Leitung der Apotheke vorübergehend nicht selbst wahrnimmt, durch einen Apotheker vertreten lassen. Die Vertretung darf insgesamt drei Monate im Jahr nicht überschreiten. Allerdings kann die zuständige Behörde eine längere Vertretung genehmigen, wenn ein in der Person des Apothekenleiters liegender wichtiger Grund gegeben ist. Eine Vertretung nach § 2 Abs. 5 ApoG ist den zuständigen Behörden nicht anzuzeigen. Die Behörde muss die Vertretung auch nicht genehmigen.

Der Vertreter rückt während der Dauer der Vertretung an die Stelle des Apothekenleiters. Er ist gegenüber den anderen Mitarbeitern weisungsbefugt. Diese allgemeine Weisungsbefugnis des Apothekenleiters steht grundsätzlich auch der Beschäftigung von freien Mitarbeitern in der öffentlichen Apotheke entgegen[145].

b) Kurzfristige Abwesenheit

Allerdings erfordert nicht jede Abwesenheit des Apothekenleiters eine Vertretung im Sinne des § 2 Abs. 5 ApBetrO. Ein Vertreter muss erst dann eingesetzt werden, wenn der Apothekenleiter seinen beruflichen Leitungsfunktionen nicht mehr nachkommen kann. Bei einer kurzfristigen Abwesenheit ist dies noch nicht

---

144 Pacht, Zweigapotheke, öffentliche Apotheke, Hauptapotheke, Filialapotheke, Gemeindeapotheke.
145 Vgl. *Cyran/Rotta*, a.a.O., § 2 Rdnr. 52.

der Fall[146]. Aufsichtsbehörden und Kammer sehen das Fehlen von approbiertem Personal bei einer Revision durch die Aufsichtsbehörde regelmäßig als Verstoß gegen § 2 Abs. 5 ApBetrO an. Dies gilt auch für Abwesenheiten von weniger als 15 Minuten. Dabei wird verkannt, dass das Bundesverfassungsgericht eine kurzfristige Abwesenheit eines Apothekers nicht generell missbilligt. Es hat hierzu ausgeführt:[147]

> *„Die Verpflichtung des Apothekers zur Aufsichtsführung mag nicht notwendig bedeuten, dass er ständig und unmittelbar in der Apotheke anwesend sein muss. Eine kurzfristige Abwesenheit des Apothekers mag dann möglich sein, wenn er jederzeit für das pharmazeutische Personal erreichbar ist, so dass er unverzüglich dessen Tätigkeit kontrollieren kann. [...] Jedoch ist im Hinblick auf die Verpflichtung, die Verschreibung auf jeden Fall unverzüglich nach Abgabe der Arzneimittel dem Apotheker vorzulegen, allenfalls eine kurzfristige Abwesenheit des Apothekers möglich; Nacht-, Not-, Mittags- oder Sonntagsdienst des pharmazeutisch-technischen Assistenten ist damit ausgeschlossen.“*

Gerade die Möglichkeit der modernen mobilen Telekommunikation erfordern mit Blick auf diese Rechtsprechung eine sehr differenzierte Betrachtung durch Aufsichtsbehörden und Kammern, an der es leider in einer Vielzahl von Fällen fehlt[148]. Außerdem stellt sich bei einer kurzzeitigen Abwesenheit richtigerweise nicht die Frage, ob ein Verstoß gegen § 2 Abs. 5 ApBetrO vorliegt, sondern eher, inwieweit die Abwesenheit mit § 3 Abs. 5 ApBetrO und § 17 Abs. 6 ApBetrO vereinbar ist.

c) Vertretung durch einen Pharmazieingenieur

Ein Apothekenleiter kann sich nach § 2 Abs. 6 ApBetrO von einem Apothekerassistenten oder Pharmazieingenieur vertreten lassen, wenn er keinen approbierten Apotheker als Vertreter findet. Der Apothekerassistent oder der Pharmazieingenieur muss aber im Jahr vor dem Vertretungsbeginn mindestens sechs Monate hauptberuflich in einer öffentlichen Apotheke oder Krankenhausapotheke beschäftigt gewesen sein und über hinreichende Kenntnisse und Fähigkeiten für die Vertretung verfügen.

Im Gegensatz zur Vertretung durch einen approbierten Apotheker ist die Vertretung der zuständigen Behörde unter Angabe des Vertreters anzuzeigen. Die

---

146 Siehe auch *Cyran/Rotta*, a.a.O., § 2 Rdnr. 53 ff.; *Pfeil/Pieck/Blume*, a.a.O., § 2 Rdnr. 61.
147 BVerfGE 32, 1, 32.
148 Zur Frage eines berufsrechtlichen Überhangs bei kurzfristiger Abwesenheit eines Apothekers: Landesberufsgericht für die Heilberufe in Karlsruhe, Urteil vom 14.03.2005, Az. LBG 1/04.

Vertretung ist nicht länger als vier Wochen im Jahr zulässig. Ein Pharmazieingenieur oder Apothekerassistent darf weder den Inhaber der Apothekenbetriebserlaubnis für ein Apothekenunternehmen (Apothekenunternehmenbetreiber) noch den Leiter einer krankenhausversorgenden Apotheke vertreten.

Die Vertretung durch Apothekerassistenten und Pharmazieingenieure ist also erheblich eingeschränkt. Allerdings gilt auch hier, dass nicht jede Abwesenheit des Apothekenleiters aus den Apothekenbetriebsräumen zu einer rechtlichen Vertretung im Sinne des § 2 Abs. 6 ApBetrO führt. Ist der jederzeit erreichbare Apothekenleiter weniger als sechs Stunden abwesend und währenddessen ein Pharmazieingenieur oder Apothekerassistent in den Apothekenbetriebsräumen anwesend, liegt keine Vertretung im apothekenrechtlichen Sinne vor.

3. Pharmazeutisches und nichtpharmazeutisches Personal

§ 3 ApBetrO liefert dem Apothekenbetreiber Vorgaben für das Apothekenpersonal.

a) Allgemeine Voraussetzungen

Das Apothekenpersonal besteht nach § 3 Abs. 1 ApBetrO aus pharmazeutischem und nicht pharmazeutischem Personal und darf nur entsprechend seiner Ausbildung und seinen Kenntnissen eingesetzt werden. § 3 Abs. 2 ApBetrO normiert eine Selbstverständlichkeit. So muss zur Gewährleistung eines ordnungsgemäßen Betriebs der Apotheke das notwendige pharmazeutische Personal vorhanden sein. Ist dies nicht der Fall, kann die Aufsichtsbehörde dem Apotheker aufgeben, geeignete Maßnahmen zu ergreifen. Was für eine Personaldecke notwendig ist, um einen ordnungsgemäßen Betrieb zu gewährleisten, kann nicht allgemein beantwortet werden. Dies hängt von Größe, Lage, Kundenfrequenz und weiteren Tätigkeiten wie Botenzustelldienst, Versand von Arzneimitteln, Heimbelieferung und Krankenhausversorgung ab[149]. Für die Krankenhausversorgung bestimmt dies § 3 Abs. 2 Satz 2 ApBetrO ausdrücklich[150].

b) Pharmazeutisches Personal

Das pharmazeutische Personal umfasst nach § 3 Abs. 3 ApBetrO

– Apotheker (§ 3 BApO: Approbation als Apotheker notwendig)
– Personen, die sich in der Ausbildung zum Apothekerberuf befinden[151]

---

149 Hierzu *Pfeil/Pieck/Blume*, a.a.O., § 3 ApBetrO Rdnr. 62; *Cyran/Rotta*, a.a.O., § 3 Rdnr. 8 ff.
150 Vgl. zu dem zusätzlichen Personalbedarf bei krankenhausversorgenden Apotheken auch *Cyran/Rotta*, a.a.O., § 3 Rdnr. 12 ff. m.w.N.
151 Streitig ist, ob Studierende der Pharmazie pharmazeutische Tätigkeiten bei einem Praktikum ausführen dürfen, oder ob § 3 Abs. 3 Ziff. 2 ApBetrO nur auf die praktische Ausbildung von

- pharmazeutisch-technische Assistenten[152]
- Personen, die sich in der Ausbildung zum Beruf des pharmazeutisch-technischen Assistenten befinden
- Apothekerassistenten[153]
- Pharmazieingenieure[154]
- Personen, die sich in der Ausbildung zum Beruf des Pharmazieingenieurs befinden[155]
- Apothekenassistenten[156]
- pharmazeutische Assistenten[157]

c) Nicht pharmazeutisches Personal

Zum nicht pharmazeutischen Personal gehören insbesondere Apothekenhelfer, Apothekenfacharbeiter und pharmazeutisch-kaufmännische Angestellte. Diese unterstützen das pharmazeutische Personal im Rahmen der pharmazeutischen Tätigkeiten bei der Herstellung und Prüfung der Arzneimittel sowie durch Bedienung, Pflege und Instandhaltung der Arbeitsgeräte und beim Abfüllen, Abpacken und bei der Vorbereitung der Arzneimittel zur Abgabe[158].

Dem nicht pharmazeutischen Personal ist es untersagt, Arzneimittel in den Apothekenbetriebsräumen an Kunden abzugeben, da dies, wie sich aus § 17 Abs. 1 ApBetrO ergibt, nur durch pharmazeutisches Personal zulässig ist. Allerdings kann das nicht pharmazeutische Personal im Rahmen eines Botendienstes nach § 17 Abs. 2 ApBetrO[159] eingesetzt werden. In diesem Fall darf das nicht pharmazeutische Personal Arzneimittel außerhalb der Apothekenbetriebsräu-

---

12 Monaten Anwendung findet. Die Ausbildung zum Apothekerberuf umfasst ein Studium von vier Jahren an einer Universität, eine Famulatur von acht Wochen, eine praktische Ausbildung von 12 Monaten und die pharmazeutische Prüfung; vgl. § 1 Abs. 1 Approbationsordnung.

152 Vgl. hierzu § 1 des Gesetzes über den Beruf des pharmazeutisch-technischen Assistenten; siehe zur Tätigkeit auch Dettling, Apotheke & Recht 2002, 173.

153 Vgl. hierzu Gesetz über die Rechtsstellung vorgeprüfter Apothekeranwärter; pharmazeutische Tätigkeiten können weitgehend selbständig unter Verantwortung eines Apothekers in der Apotheke ausgeführt werden. Seit 1974 gibt es keinen Zugang mehr zum Beruf des Apothekerassistenten.

154 Ausbildung und Studium an der Ingenieurschule für Pharmazie in Leipzig in der früheren DDR.

155 Keine praktische Relevanz, da eine Ausbildung zum Pharmazieingenieur nicht mehr möglich ist.

156 Nicht mit den oben genannten Apothekerassistenten zu verwechseln; ebenfalls in der DDR ausgebildetes pharmazeutisches Personal.

157 Ebenfalls Ausbildung in DDR; keine eigenverantwortliche Tätigkeit.

158 § 3 Abs. 3 Satz 2 ApBetrO.

159 Dazu unten S. 78.

me an Kunden ausliefern. Beratend und veräußernd tätig werden darf das nicht pharmazeutische Personal hingegen ohne weiteres im Bereich des Apothekenrandsortiments.

Entgegen des Wortlauts des § 17 Abs. 1 ApBetrO muss es dem nicht pharmazeutischen Personal auch möglich sein, bei freiverkäuflichen Arzneimitteln, die in der Apotheke angeboten werden, tätig zu werden. Andernfalls läge eine gegenüber dem Einzelhandel, insbesondere gegenüber Drogerien kaum zu rechtfertigende Ungleichbehandlung vor[160].

d) Pharmazeutische Tätigkeit

§ 3 Abs. 4 ApBetrO definiert, was pharmazeutische Tätigkeiten im Sinne der Apothekenbetriebsordnung sind. Hierunter fallen die Entwicklung, Herstellung, Prüfung und Abgabe von Arzneimitteln, die Informationen und Beratung über Arzneimittel sowie die Überprüfung der Arzneimittelvorräte in Krankenhäusern.

Die Definition ist abschließend. Insbesondere sind apothekentypische Dienstleistungen wie die Durchführung physiologisch-chemischer Untersuchungen keine pharmazeutischen Tätigkeiten. Sie können also auch vom nicht pharmazeutischen Personal durchgeführt werden. Demgegenüber dürfen die aufgezählten pharmazeutischen Tätigkeiten, wie sich aus § 3 Abs. 5 ApBetrO ergibt, nur vom pharmazeutischen Personal ausgeführt werden, sofern die Apothekenbetriebsordnung nichts anderes bestimmt[161].

§ 3 Abs. 5 Satz 2 ApBetrO differenziert zwischen dem unterschiedlichen pharmazeutischen Personal. So sind pharmazeutische Tätigkeiten, von Personen, die sich in der Ausbildung zum Apothekerberuf befinden, von pharmazeutisch-technischen Assistenten, von Auszubildenden im PTA-Beruf und pharmazeutischen Assistenten von einem Apotheker zu beaufsichtigen. Die Beaufsichtigung erfordert eine laufende Beobachtungskontrolle durch den Apotheker. Er muss überwachend und korrigierend eingreifen können. Allerdings ist nicht notwendig, dass der Apotheker, der die Aufsicht führt, die gesamte Zeit persönlich anwesend ist[162].

---

160 Vgl. hierzu auch BVerfGE 75, 166, 179 ff.
161 Ausnahmen enthalten etwa § 6 Abs. 4 ApBetrO – Abfüllen, Abpacken, Kennzeichnen von Arzneimitteln; § 9 Abs. 4 ApBetrO – Großherstellung von Arzneimitteln; § 10 Abs. 5 ApBetrO – Prüfung von Arzneimitteln in der Großherstellung.
162 Hierzu *Cyran/Rotta*, a.a.O., § 3 Rdnr. 62 ff.; *Pfeil/Pieck/Blume*, a.a.O., § 3 Rdnr. 118 ff.

e) Personal bei der Krankenhausversorgung

§ 3 Abs. 6 ApBetrO regelt schließlich, dass zur Versorgung eines Kranken-hauses[163] nur Apothekenpersonal eingesetzt werden darf. Eine Ausnahme ist le-diglich für den Transport der Arzneimittel in das Krankenhaus vorgesehen.

II. Randsortiment in der Apotheke

1. Apothekenübliche Waren nach § 25 ApBetrO

a) Neufassung des § 25 ApBetrO

Der Verordnungsgeber hat das Warenrandsortiment, das in einer Apotheke ange-boten werden darf, beschränkt. Nach § 2 Abs. 4 ApBetrO darf der Apothekenlei-ter neben Arzneimitteln und apothekenpflichtigen Medizinprodukten die in § 25 ApBetrO genannten Waren nur in einem Umfang anbieten oder feilhalten, die den ordnungsgemäßen Betrieb der Apotheke und den Vorrang des Arzneimittelversor-gungsauftrags nicht beeinträchtigt. Durch diese Reglementierung soll sicherge-stellt werden, dass die ordnungsgemäße Arzneimittelversorgung der Bevölkerung nicht dadurch beeinträchtigt wird, dass sich der Apotheker übermäßig dem Ne-bensortiment widmet. Die Frage, welches Angebot zulässig und welches unzu-lässig ist, lässt sich nicht pauschal beantworten, sondern ist für jede Apotheke separat zu prüfen. Gemäß § 25 ApBetrO sind apothekenübliche Waren

– Medizinprodukte, auch soweit sie nicht der Apothekenpflicht unterliegen
– Mittel sowie Gegenstände und Informationsträger, die der Gesundheit von Menschen und Tieren mittelbar oder unmittelbar dienen oder diese fördern
– Prüfmittel, Chemikalien, Reagenzien, Laborbedarf
– Schädlingsbekämpfungs- und Pflanzenschutzmittel
– Mittel zur Aufzucht von Tieren

§ 25 ApBetrO ist durch das GKV-Modernisierungsgesetz vom 01.01.2004 neu gefasst worden. Der enge Katalog des § 25 ApBetrO a.F., in dem Warengruppen spezifisch aufgeführt wurden[164], wurde durch die neuen Generalklauseln erwei-

---

163 Siehe dazu unten S. 85.
164 § 25 ApBetrO a.F. normierte als apothekenübliche Waren abschließend Verbandmittel, Mittel und Gegenstände zur Kranken- und Säuglingspflege, ärztliche, zahnärztliche und tierärztli-che Instrumente, Mittel und Gegenstände der Hygiene und Körperpflege, diätetische Lebens-mittel und die in § 2 Abs. 2 Nr. 2 der Diätverordnung genannten Lebensmittel des allgemei-nen Verkehrs, Fruchtnektare, Fruchtsäfte, Gemüsesäfte, Gewürze, Honig, Hustenbonbons, Mineralwässer, Quellwässer, Tafelwässer, Spezialnahrung für Hochleistungssportler, Stoffe und Zubereitungen zur Nahrungsergänzung sowie Tee und teeähnliche Erzeugnisse, soweit diese nicht überwiegend dazu bestimmt sind, zum Genuss verzehrt zu werden, Prüfmittel, Chemikalien, Reagenzien und Laboratoriumsbedarf, Schädlingsbekämpfungs- und Pflanzen-

tert[165]. Zahlreiche Waren, die nicht unter den alten Katalog des § 25 ApBetrO subsumiert werden konnten, dienen jedenfalls mittelbar der Gesundheit des Menschen und sind deshalb nach richtiger Auffassung apothekenübliche Waren[166].

In der Rechtsprechung wird teilweise versucht, die Generalklausel, die der Gesetzgeber eingeführt hat, durch das Hineinlesen weiterer ungeschriebener Tatbestandsmerkmale zu verengen. Ein Beispiel hierfür ist die genannte Entscheidung des Saarländischen Oberlandesgerichts vom 24.03.2004. Dort heißt es wie folgt:

„Der Senat geht davon aus, dass es sich um Mittel und Gegenstände handeln muss, die einen greifbaren, ohne weiteres einsichtigen Gesundheitsbezug haben. Die Erzeugnisse müssen nach ihrem üblichen Gebrauch geeignet und dazu bestimmt sein, die physische oder psychische Gesundheit zu fördern, auch wenn das nicht ihr ausschließlicher Zweck zu sein braucht. Demgegenüber genügt die bloße Möglichkeit, dass die entsprechenden Mittel, Gegenstände und Informationsträger das subjektive Wohlbefinden von Menschen in irgendeiner Art und Weise fördern können, für sich allein nicht."

Eine solche Einschränkung durch Einführung eines ungeschriebenen Tatbestandsmerkmals wie das des „einsichtigen Gesundheitsbezugs" überzeugt nicht. Gemäß § 34 Ziff. 2k ApBetrO ist ein Verstoß gegen § 25 ApBetrO i.V.m. § 2 ApBetrO eine Ordnungswidrigkeit. Der Ordnungswidrigkeitentatbestand wird durch die Einführung dieses ungeschriebenen Merkmals in unzulässiger Weise erweitert, was sich verfassungsrechtlich verbietet. Es wird zukünftig zu einer Vielzahl richterlicher Einzelentscheidungen kommen, ob eine angebotene Ware unter § 25 ApBetrO subsumierbar ist oder nicht. Insbesondere die Grenzen zu Sanitätshäusern und Reformläden werden weiter verschwimmen. Dabei hat die Rechtsprechung schon zur alten Rechtslage das Angebot von Hilfsmitteln durch Apotheken großzügig gehandhabt, sofern der ordnungsgemäße Betrieb der Apotheke und der Vorrang des Arzneimittelversorgungsauftrags nicht beeinträchtigt wurde[167]. In Zukunft wird der Schwerpunkt bei der Prüfung, ob das Angebot bestimmter Waren zulässig ist oder nicht, nicht auf § 25 ApBetrO liegen, sondern

---

schutzmittel, Mittel zur Aufzucht von Tieren, Raucherentwöhnungsmittel, Bücher, Zeitschriften und andere Informationsträger, soweit sie zur Unterstützung der Information und Beratung über Arzneimittel und die genannten Waren geeignet sind.

165 Nach dem OLG Saarbrücken, Urteil vom 24.03.2004, Az. 1 U 549/03-141, wollte der Gesetzgeber durch diese Generalklausel der Apotheke den Weg zum Gesundheitsshop oder Drugstore ebnen.

166 Dies gilt insbesondere für Applikationshilfen bei der Einnahme von Arzneimitteln, wie Trinkgefäßen, unabhängig, wie sie konkret bezeichnet werden, hierzu Bezirksberufsgericht für die Heilberufe in Stuttgart, Urteil vom 18.02.2005, Az. S 406/04, aufgehoben durch Landesberufsgericht für die Heilberufe in Karlsruhe, Urteil vom 16.01.2006, Az. LB 2/05.

167 Vgl. BGH, GRUR 2001, 352 ff. – Kompressionsstrümpfe.

auf § 2 Abs. 4 ApBetrO, ob der Betrieb der Apotheke und der Vorrang des Arzneimittelversorgungsauftrags beeinträchtigt wird oder nicht.

b) Zugaben und Prämien

Nicht anwendbar ist § 25 ApBetrO nach richtiger Auffassung für Produkte, die ohne Berechnung in den Apothekenbetriebsräumen abgegeben werden. Dies gilt sowohl für traditionelle Zugaben[168] als auch für Kundenbindungssysteme, bei denen der Apothekenkunde Bonuspunkte, Medaillen o.ä. bei einem Einkauf erhält und diese gegen bestimmte Prämien in der Apotheke eintauschen kann. Entscheidend ist, dass die jeweiligen Produkte in den Apothekenbetriebsräumen nicht zum Kauf angeboten werden, sondern letztlich eine Abgabe ohne Berechnung erfolgt[169]. Grenze des Angebots ist aber auch hier § 2 Abs. 4 ApBetrO, wenn die Arzneimittelversorgung gefährdet wird.

2. Dienstleistungen in der Apotheke

Für das Angebot von Dienstleistungen in einer Apotheke war § 2 Abs. 4 ApBetrO schon in der Vergangenheit die entscheidende Norm. Eine zu § 25 ApBetrO korrespondierende Vorschrift für Dienstleistungen, die in einer Apotheke erbracht werden dürfen, existiert, obwohl in § 21 Abs. 2 Ziff. 8 ApoG hierfür („Nebengeschäfte") eine Verordnungsermächtigung vorhanden wäre, nicht. Mit Erlass der Apothekenbetriebsordnung ist von der Ermächtigung nur für apothekenübliche Waren, nicht aber hinsichtlich der Nebengeschäfte Gebrauch gemacht worden[170]. Im Gegensatz zum Arzneimittelabgabemonopol[171] kennen damit weder Apothekenbetriebsordnung noch Apothekengesetz oder Arzneimittelgesetz apothekenausschließliche Dienstleistungen. Insbesondere hat sich der Verordnungsgeber auch zum 01.01.2004 in Kenntnis der einschlägigen Rechtsprechung nicht dazu entschlossen, einen Katalog apothekerlicher Dienstleistungen, die in den Apothekenbetriebsräumen erbracht werden dürfen, aufzunehmen. Es bleibt damit bei der grundsätzlichen Zulässigkeit solcher Nebengeschäfte in den Betriebsräumen, wie der Bundesgerichtshof anschaulich formuliert hat:

> *„Aus dem Fehlen von Bestimmungen über die Nebengeschäfte kann jedoch nicht geschlossen werden, dass dem Apotheker solche generell untersagt sind [...]. Das Grundrecht der Berufsausübungsfreiheit nach Art. 12 Abs. 1 Satz*

---

168 So auch *Cyran/Rotta*, a.a.O., § 25 Rdnr. 17 ApBetrO.

169 In dieser Tendenz auch VG Münster, Beschluss vom 21.03.2005, Az. 6 L 34/05.

170 Vgl. BGH GRUR 2001, 352, 353 –Kompressionsstrümpfe; OLG Nürnberg, GRUR 1995, 681, 682 – Apothekendienstleistungen; *Kieser*, Apotheke & Recht 2002, 123, 127.

171 § 43 AMG.

2 GG gebietet vielmehr, Nebengeschäfte, die nicht verboten sind, als erlaubt anzusehen. Da weder dem Apothekengesetz noch der Apothekenbetriebsordnung insoweit Einschränkungen zu entnehmen sind, ist das Anmessen und Anpassen von Kompressionsstrümpfen deshalb apothekenrechtlich selbst dann nicht zu beanstanden, wenn darin nicht lediglich eine unselbständige Nebenleistung bei der Abgabe der Kompressionsstrümpfe, sondern ein eigenständiges Nebengeschäft zu sehen wäre."[172].

In den Apothekenbetriebsräumen können deshalb auch Kosmetikdienstleistungen oder Wellnessangebote[173] erbracht werden, sofern die Räumlichkeiten hierfür geeignet sind und ausreichend Personal zur Verfügung steht. Das Angebot solcher Dienstleistungen in den Apothekenbetriebsräumen ist nicht mit dem Apothekerberuf unvereinbar, da die ordnungsgemäße Arzneimittelversorgung der Bevölkerung hierdurch nicht beeinträchtigt wird[174]. Erst dann, wenn der Arzneimittelversorgungsauftrag nicht mehr gesichert wäre, wäre ein entsprechendes Dienstleistungsangebot unzulässig.

Es ist auch nicht notwendig, ein solches Angebot der zuständigen Behörde nach § 2 Abs. 3 ApBetrO anzuzeigen, da es sich nicht um eine berufliche Tätigkeit, die **neben** der Tätigkeit als Apothekenleiter ausgeübt wird, handelt. Auch greift § 4 Abs. 5 ApBetrO nicht, wonach die Betriebsräume von anderweitig gewerblich und freiberuflich genutzten Räumen durch Wände oder Türen abgetrennt sein müssen. Denn es handelt sich gerade nicht um anderweitig gewerblich genutzte Räume, sondern um eine Nutzung der Apothekenbetriebsräume. Sofern sich der Apotheker jedoch entscheidet, entsprechende Dienstleistungen durch ein angegliedertes Unternehmen anzubieten, ist sowohl das Anzeigegebot des § 2 Abs. 3 ApBetrO als auch die räumliche Trennung, die § 4 Abs. 5 ApBetrO vorschreibt, zu beachten.

Bietet ein Apotheker die Messung von Körperwerten an, muss er darauf achten, dass er keine unerlaubte Heilkunde ausübt. Nach § 1 Abs. 1 Heilpraktikergesetz bedarf, wer die Heilkunde, ohne als Arzt bestallt zu sein, ausüben will, der Erlaubnis. Ausübung der Heilkunde im Sinne des Heilpraktikergesetzes ist jede berufs- oder gewerbsmäßig vorgenommene Tätigkeit zur Feststellung, Heilung oder Linderung von Krankheiten, Leiden oder Körperschäden beim Menschen, auch wenn sie im Dienste von anderen ausgeübt wird. Eine Ausübung der Heilkunde kann in der Interpretation der Messergebnisse durch den Apotheker liegen. Grundsätzlich ist die Auswertung der Messergebnisse auf das Vorliegen eines

---

172 BGH GRUR 2001, 352, 353 –Kompressionsstrümpfe.

173 Siehe zur Bewerbung eines Wellnessinstituts in Apothekenbetriebsräumen auch Bezirksberufsgericht für Apotheker in Stuttgart, Urteil vom 20.07.2001, Az. S 372/01.

174 Dazu auch *Pfeil/Pieck/Blume*, a.a.O., § 3 Rdnr. 100 ff.; *Braem*, Apothekenübliche Dienstleistungen.

pathologischen Zustands hin dem Arzt vorbehalten. Allerdings ist der Apotheker ebenso wie der Arzt Angehöriger eines freien Heilberufs und im Bereich der Arzneimittelversorgung auch heilkundlich tätig.

In vielen Fällen wird der Apotheker bei der Messung von Körperwerten In-vitro-Diagnostika zur Eigenanwendung gemäß § 3 Ziff. 5 MPG, die er auch an die Kunden verkaufen könnte, anwenden. Dabei ist es sachlich kaum zu rechtfertigen, dem Apotheker einerseits eine Aufklärung und Beratung allgemein über das In-vitro-Diagnostikum zu gestatten, andererseits aber dann, wenn er das Diagnostikum selbst anwendet, jeden Hinweis auf die Bedeutung der Messergebnisse zu verbieten.

Nach richtiger – wenn auch umstrittener – Auffassung ist es von der Approbation des Apothekers umfasst, dass der Apotheker bei der Messung von Körperwerten Hinweise zu den Messergebnissen gibt, jedenfalls wenn sich diese Hinweise im Rahmen der Anwendungsanleitung von In-vitro-Diagnostika zur Eigenanwendung halten. In der Praxis werden dem Kunden meist Referenzwerte ausgehändigt, die es ihm ermöglichen, die Werte selbst abzugleichen[175].

Bei der Bewerbung von Dienstleistungen muss der Apotheker darauf achten, dass er nicht unzulässig für eine Diagnoseerstellung wirbt. Dies kann der Fall sein, wenn mit einem Krankheitsnamen und dem Begriff Früherkennung geworben wird[176]. Generell empfiehlt sich ein Hinweis darauf, dass ein krankhafter Befund zuverlässig nur durch einen Arzt ausgeschlossen werden kann und eine Körperwertemessung dies nicht zu leisten vermag[177].

III. Abgabe von Arzneimitteln

Kernaufgabe des Apothekers ist die Versorgung der Bevölkerung mit Arzneimitteln.

1. § 17 ApBetrO als Kernstück der Arzneimittelabgabe

Das Inverkehrbringen von Arzneimitteln ist in § 17 ApBetrO, der in engem, untrennbaren Zusammenhang mit den §§ 11a, b ApoG und § 43 AMG steht, geregelt. Die Überschrift des § 17 ApBetrO *„Inverkehrbringen von Arzneimitteln und apothekenüblichen Waren"* täuscht über den Regelungsgehalt. § 17 ApBe-

---

175 Vgl. auch *Kieser*, Apotheke & Recht 2005, 61 ff.
176 Vgl. hierzu auch OLG Düsseldorf, GRUR-RR 2003, 14 ff. – Osteoporosefrüherkennung.
177 Vgl. BGH, Urteil vom 21.04.2005, Az. 1 ZR 190/02, WRP 2005, 884 ff. – Optometrische Leistungen III.

trO beschäftigt sich zwischenzeitlich nur noch mit dem Inverkehrbringen von Arzneimitteln[178], nicht aber mit dem Inverkehrbringen apothekenüblicher Waren. Der Bundesgerichtshof hatte die früher in § 17 Abs. 1 Satz 1 ApBetrO enthaltene Beschränkung, wonach apothekenübliche Waren nur in den Apothekenbetriebsräumen in den Verkehr gebracht werden durften, wegen eines Verstoßes gegen das Grundrecht der Berufsausübungsfreiheit und den Gleichbehandlungsgrundsatz für nichtig erklärt[179]. Der Verordnungsgeber hat dies im Wortlaut des § 17 ApBetrO beachtet, auch wenn die Überschrift noch auf die alte Rechtslage hinweist.

Rechtlicher Ausgangspunkt für die Abgabe von Arzneimitteln ist § 43 AMG. Nach § 43 Abs. 1 AMG dürfen Arzneimittel, sofern es sich nicht um freiverkäufliche Arzneimittel handelt oder ein Ausnahmefall des § 47 AMG oder § 44 AMG vorliegt, nur in Apotheken und ohne behördliche Erlaubnis nicht im Wege des Versandes in den Verkehr gebracht werden. § 43 Abs. 1 Satz 2 AMG hält ferner fest, dass außerhalb der Apotheke mit diesen Arzneimitteln grundsätzlich kein Handel getrieben werden darf. § 43 Abs. 1 Satz 1 2. Halbsatz AMG verweist auf die nähere Regelungen durch das Apothekengesetz. Der Gesetzgeber geht also nach wie vor von dem Normalfall aus, dass apothekenpflichtige Arzneimittel **in** Apotheken abgegeben werden. Dieser Grundsatz hat über § 21 Abs. 2 Nr. 1 ApoG Eingang in § 17 Abs. 1 ApBetrO gefunden.

2. Abgabe in den Apothekenbetriebsräumen

a) Abgabe und Aushändigung

Nach § 17 Abs. 1 ApBetrO dürfen Arzneimittel außer im Fall des § 11a ApoG (Versand) und des § 17 Abs. 2a ApBetrO (Botenzustellung) nur in den Apothekenbetriebsräumen in den Verkehr gebracht und nur durch pharmazeutisches Personal ausgehändigt werden. Der Begriff des Inverkehrbringens ist in § 4 Abs. 17 AMG legal definiert. Danach ist Inverkehrbringen das Vorrätighalten zum Verkehr oder zu sonstiger Abgabe, das Feilhalten, das Feilbieten und die Abgabe an andere. Üblicherweise wird unter Abgabe an andere die Einräumung der Verfügungsgewalt an einen Dritten durch körperliche Überlassung des Arzneimittels verstanden[180].

---

178 Lediglich § 17 Abs. 4 ApBetrO umfasst auch Verschreibungen, die sich auf Medizinprodukte nach der Medizinprodukteverschreibungsverordnung beziehen.

179 Vgl. BGH GRUR 1999, 1014 ff. – Verkaufsschütten vor Apotheken; vgl. schon Nichtannahmebeschluss des Bundesverfassungsgerichts vom 16.10.1996, Az. BvR 922/94; *Kieser*, Apotheke & Recht 2002, 123 ff.

180 Siehe etwa *Kloesel/Cyran*, AMG Stand März 2005, § 4 Anm. 57; BGH LRE 1, 82 f.; BGH Apotheke & Recht 2004, 125; vgl. *Cyran/Rotta*, § 17 Rdnr. 37.

Diese Definition ist aber dahin zu präzisieren, dass die körperliche Überlassung – also der unmittelbare Besitz – an den Arzneimitteln nicht notwendig ist, sondern die Erlangung einer Sachherrschaft beispielsweise durch mittelbaren Besitz für die Abgabe ausreicht. Derjenige, an den Arzneimittel abgegeben werden, muss rechtlich befugt sein, mit den Arzneimitteln nach eigenem Willen zu verfahren und dies auch praktisch können. Unerheblich ist dabei, ob er selbst auf die Arzneimittel zugreifen kann oder Dritte beauftragt, dies zu tun.

Diese differenzierte Betrachtung des Abgabebegriffs beim Inverkehrbringen kommt insbesondere bei der Altenheimversorgung und der Verblisterung zum Tragen, bei denen in vielen Fällen Arzneimittel nicht körperlich den bettlägerigen Patienten oder ihren Betreuern überlassen, sondern durch namentliche Kennzeichnung individualisiert und an den jeweiligen Bewohner abgegeben werden. Die Bewohner oder ihre Betreuer haben in diesen Fällen aber die Sachherrschaft über die Arzneimittel. Heim oder Apotheke sind nur noch Besitzdiener[181].

Die Aushändigung, die in § 17 Abs. 1 ApBetrO ebenfalls erwähnt ist, spielt in den Fällen, in denen die Arzneimittel nicht vom Apothekenbetreiber persönlich übergeben werden, also bei der Überlassung durch Apothekenpersonal, Botenzustellung oder im Versand, eine Rolle. Abgegeben werden die Arzneimittel in diesen Fällen durch den Apothekenbetreiber, nicht durch denjenigen, der das Arzneimittel tatsächlich aushändigt, dem Kunden also den unmittelbaren Besitz verschafft. Außerdem ist nicht jede Aushändigung eine Abgabe, etwa bei innerbetrieblichen Vorgängen, wenn innerhalb eines Apothekenunternehmens Arzneimittel von der einen Filialapotheke in die andere Filialapotheke transportiert werden oder wenn eine Krankenhausapotheke Krankenhausstationen versorgt[182].

Eine Abgabe in den Apothekenbetriebsräumen liegt hingegen immer vor, wenn sich der Kunde zur Abholung eines Botens oder eines Versandunternehmens bedient[183]. Dem Kunden steht es frei, einen Boten etwa aus dem Familien- oder Freundeskreis in die Apotheke zu schicken, um die benötigten Arzneimittel zu holen[184]. Der Bote oder der Mitarbeiter des Versandunternehmens wird, sobald er die Arzneimittel in den Apothekenbetriebsräumen vom Apotheker erhält, Besitzdiener, der Empfänger des Arzneimittels verfügungsbefugt.

---

181 Siehe zum Kriterium der Sachherrschaft zutreffend *Cyran/Rotta*, a.a.O., § 17 Rdnr. 38 ff. m.w.N.

182 Vgl. *Cyran/Rotta*, a.a.O., § 17 Rdnr. 41; *Pfeil/Pieck/Blume*, a.a.O., § 17 Rdnr. 7 ff. Die Terminologie des Gesetzgebers ist nicht immer klar. An einigen Stellen wird der Begriff der Abgabe anstelle des Begriffs der Aushändigung verwendet, so etwa in § 14 Abs. 4 Satz 2 ApoG, § 31 ApBetrO

183 Siehe hierzu OLG Köln, Apotheke & Recht 2002, 119, 121.

184 Zu den Problemen, wenn Kinder und Jugendliche als Boten benutzt werden, siehe auch *Pfeil/Pieck/Blume*, a.a.O., § 17 Rdnr. 70 und die Handzettelempfehlung der Bundesapothekerkammer vom 27.04.2004, abgedruckt in PZ Nr. 20 vom 13.05.2004, S. 123

Von § 43 AMG und § 17 Abs. 1 ApBetrO nicht erfasst ist die Anwendung eines Arzneimittels am Patienten durch einen Arzt, Zahnarzt oder deren weisungsgebundene Hilfskräfte. Es handelt sich nicht um eine Abgabe des Arzneimittels, da der Patient keine Verfügungsgewalt über das Arzneimittel erhält[185].

b) Verbot des Selbstbedienungsangebots

Die Abgabe von Arzneimitteln ist nicht nur räumlich und personell beschränkt; sie unterliegt auch weiteren Restriktionen. Der Gesetzgeber trägt hierbei dem Umstand Rechnung, dass es sich bei Arzneimitteln um komplexe Heilmittel, um überwachungsbedürftige Waren mit einem besonderen Charakter handelt[186]. So untersagt § 17 Abs. 3 ApBetrO dem Apothekenleiter, Arzneimittel, die der Apothekenpflicht unterliegen, im Wege der Selbstbedienung in den Verkehr zu bringen. Diese Vorschrift steht eng im Zusammenhang mit § 52 AMG. Hiernach dürfen Arzneimittel generell nicht durch Automaten und apothekenpflichtige Arzneimittel nicht durch andere Formen der Selbstbedienung in den Verkehr gebracht werden. Ausnahmen sieht § 52 Abs. 2 AMG nur für Fertigarzneimittel, die im Reisegewerbe abgegeben werden dürfen, für bestimmte Desinfektionsmittel und Sauerstoff vor.

Das ursprünglich in § 17 Abs. 3 ApBetrO enthaltene Verbot, freiverkäufliche Arzneimittel im Wege der Selbstbedienung in den Verkehr zu bringen, hat das Bundesverfassungsgericht 1987 für verfassungswidrig erklärt[187]. Es sei mit dem Gleichheitssatz des Art. 3 Abs. 1 GG nicht vereinbar, die Zulässigkeit der Abgabe freiverkäuflicher Arzneimittel in Apotheken und im übrigen Einzelhandel unterschiedlich zu regeln.

§ 17 Abs. 3 ApBetrO ist der Grund dafür, dass apothekenpflichtige Arzneimittel nicht im Freiwahlsortiment, sondern nur im Bereich der Sichtwahl angeboten werden. Im Freiwahlbereich oder in den Schaufenstern kann der Apotheker aber unter Beachtung der Vorgaben des Heilmittelwerbegesetzes für apothekenpflichtige Arzneimittel werben. Verschreibungspflichtige Arzneimittel dürfen im Sichtwahlbereich nicht präsentiert werden. § 10 HWG verbietet die Werbung für verschreibungspflichtige Arzneimittel außerhalb der Fachkreise. Die Präsentation eines Arzneimittels, die dazu führen kann, dass der Kunde näheres Interesse an diesem Arzneimittel zeigt, ist eine unzulässige Werbung für dieses Arzneimittel[188].

185 Vgl. BVerfGE 102, 26, 34; BGH, Apotheke & Recht 2004, 125, 131.
186 Vgl. BVerfGE 17, 232, 239; EuGH, Urteil vom 21.03.1991 in der Rechtssache C-369/88 Delattre, Slg. 1991, I-1487, I-1540; *Dettling*, Pharmarecht 2004, 66 f.
187 Vgl. BVerfGE 75, 166 ff.
188 Vgl. allgemein auch *Bülow/Ring*, Heilmittelwerbegesetz, 3. Aufl. 2005, § 1 Rdnr. 2 ff.; *Doepner*, Heilmittelwerbegesetz, 2. Aufl. 2000, § 1 Rdnr. 11 m.w.N.

Daneben gibt es für einzelne apothekenübliche Waren Selbstbedienungs-verbote, selbst wenn es sich nicht um Arzneimittel handelt. So ist es nach § 22 Pflanzenschutzgesetz untersagt, Pflanzenschutzmittel im Einzelhandel durch Automaten oder durch andere Formen der Selbstbedienung in den Verkehr zu bringen. Wie bei freiverkäuflichen Arzneimitteln ist ein Sachkundenachweis für denjenigen notwendig, der Pflanzenschutzmittel in den Verkehr bringen möchte[189]. Dünger für Zimmer- und Balkonpflanzen ohne Insektizidzusätze so-wie Schädlingsbekämpfungsmittel im Haus fallen aber nicht unter das Pflanzen-schutzgesetz.

c) Außenschalter

Das Bundesverwaltungsgericht hat der Liberalisierung des Apothekenrechts zwischenzeitlich bei der Beantwortung der Frage der Zulässigkeit von Außen-schaltern an Apotheken Rechnung getragen[190]. Unter der alten Rechtslage war anerkannt[191], dass sich sowohl Apotheker als auch Kunde bei der Übergabe von Arzneimitteln in den Apothekenbetriebsräume aufhalten müssten, um die Arz-neimittelsicherheit und die Information und Beratung der Kunden zu gewährleis-ten. Ein Außenschalter, bei dem sich das pharmazeutische Personal innerhalb der Apothekenbetriebsräume, der Kunde jedoch außerhalb der Apothekenbetriebs-räume befinden, genügte dem nicht und war unzulässig.

Das Bundesverwaltungsgericht hat von dieser Rechtsprechung Abstand ge-nommen. Wegen der Zulassung des Versands und der Erweiterung des Boten-dienstes lasse sich die Aussage, die Apothekenbetriebsordnung gehe wegen des besonderen Beratungsbedarfs bei Arzneimitteln davon aus, dass das gesamte Ge-schäft der Arzneimittelversorgung innerhalb der Apothekenräume abgewickelt werde, nicht mehr aufrechterhalten. Vielmehr habe der Gesetzgeber Vertriebs-wege eröffnet, die es dem Kunden freistellen, Arzneimittel auch außerhalb der Apothekenbetriebsräume entgegenzunehmen. Ein Außenschalter an einer Apo-theke ist damit zulässig.

d) Ausführungspflicht für Verschreibungen

aa) Anforderungen an die Verschreibung

Gemäß § 17 Abs. 4 ApBetrO sind Verschreibungen von Personen, die zur Aus-übung der Heilkunde, Zahnheilkunde oder Tierheilkunde berechtigt sind, in ei-ner der Verschreibung angemessenen Zeit auszuführen. Diese Vorschrift baut auf § 48 Abs. 1 AMG auf. Danach dürfen Arzneimittel, die der Verschreibungspflicht

---

189 Vgl. § 3 Abs. 2 Pflanzenschutz-Sachkundeverordnung.
190 BVerwG DÖV 2005, 826 f.
191 Vgl. BVerwGE 106, 141 ff.

unterliegen, nur nach Vorlage einer ärztlichen, zahnärztlichen oder tierärztlichen Verschreibung an Verbraucher abgegeben werden. Gleichzeitig bestimmt § 48 Abs. 1 Satz 1 AMG i.V.m. der hierzu ergangenen Rechtsverordnung, welche Arzneimittel verschreibungspflichtig sind und welche nicht.

Verschreibungspflichtige Arzneimittel müssen gemäß § 10 Abs. 1 Nr. 10 AMG, so sie Fertigarzneimittel sind, als solche gekennzeichnet werden. Der Apotheker ist jedoch bei Fehlen des Hinweises „verschreibungspflichtig" nicht automatisch jeglicher eigener Nachforschungen entbunden. Eine Nachforschungspflicht kann sich unter Umständen ergeben, wenn sich aus der Angabe der Bestandteile ergibt, dass im Arzneimittel ein verschreibungspflichtiger Stoff enthalten sein könne[192].

Die Abgabe eines verschreibungspflichtigen Arzneimittels ohne Vorlage eines Rezepts ist nicht nur ein Berufsrechtsverstoß, sondern eine Straftat gemäß § 96 Ziff. 11 AMG und wird mit Freiheitsstrafe bis zu einem Jahr oder mit Geldstrafe bestraft[193].

Die Anforderungen über Form und Inhalte der Verschreibung sind in der Verordnung über die Verschreibungspflicht von Arzneimitteln (AMVV)[194], die das Bundesministerium für Gesundheit aufgrund der in § 48 Abs. 2 Ziff. 4 AMG enthaltenen Verordnungsermächtigung erlassen hat, geregelt. Gemäß § 1 AMVV dürfen Arzneimittel nur nach Vorlage einer ärztlichen Verschreibung abgegeben werden. Die Verschreibung eines Heilpraktikers über ein verschreibungspflichtiges Arzneimittel darf damit vom Apotheker nicht ausgeführt werden[195]. Die Verschreibung muss den Anforderungen des § 2 AMVV entsprechen. Nach § 2 Abs. 1 Ziff. 10 AMVV muss die Verschreibung die eigenhändige Unterschrift des verschreibenden Arztes oder dessen elektronische Signatur enthalten.

Dem Apotheker muss also die Verschreibung im Original (Unterschrift) vorliegen. Die Übermittlung per Telefax oder einer Kopie reicht hierfür nicht aus[196]. Die Anforderungen der AMVV sind eindeutig, auch wenn in der Praxis tagtäglich Verstöße hiergegen insbesondere bei der Heimbelieferung oder bei chronisch kranken Kunden vorkommen. Die Vorlage der Originalverschreibung ist letztlich der einzige Weg, sicherzustellen, dass das verschriebene Arzneimittel nicht doppelt abgegeben wird.

---

192 Vgl. Bayerisches Oberstes Landesgericht, Beschluss vom 17.03.1981, Az. 3 Ob Owi 34/81.
193 Die Substitution im Rahmen des § 129 SGB V ist nach richtiger Auffassung selbst dann kein Fall des § 48 AMG, wenn die Voraussetzungen für die Substitution unzutreffenderweise bejaht werden. Anderenfalls würde dem Apotheker ein nicht gerechtfertigtes Irrtumsrisiko auferlegt, vgl. auch *Kieser*, Apotheke und Recht 2006, 1 ff.
194 Verordnung zur Neuordnung der Verschreibungspflicht von Arzneimitteln vom 21.12.2005, BGBl I, S. 3632.
195 *Pfeil/Pieck/Blume*, a.a.O., § 17 Rdnr. 161.
196 Siehe *Cyran/Rotta*, a.a.O., § 17 Rdnr. 466.

§ 2 AMVV gesteht dem Apotheker zu, wenn Datum der Ausfertigung oder die Gebrauchsanweisung bei Arzneimitteln, die in der Apotheke hergestellt werden sollen, auf der Verschreibung fehlen, die Verschreibung sachgerecht zu ergänzen, wenn eine Rücksprache mit dem verschreibenden Arzt nicht möglich ist. Wichtig für den Apotheker ist zu wissen, dass er Verschreibungen von Ärzten, die nicht aus den EU-Staaten stammen, nicht ausführen darf, wenn sie keine deutsche Approbation oder keine Genehmigung zur vorübergehenden Berufsausübung haben[197]. Aufgrund zwischenstaatlicher Verträge dürfen auch Verschreibungen Schweizer Ärzte von deutschen Apotheken ausgeführt werden[198]. § 17 Abs. 4 ApBetrO gilt nicht nur für Arzneimittel, sondern für Verschreibungen generell. Ein Apotheker hat insbesondere auch Verschreibungen für verschreibungspflichtige Medizinprodukte gemäß der Medizinprodukteverschreibungsverordnung auszuführen. Deren Regelungen entsprechen im wesentlichen der Verschreibungsverordnung für Arzneimittel.

bb) Kontrahierungszwang

Der Apotheker ist grundsätzlich verpflichtet, eine Verschreibung in angemessener Zeit auszuführen. Er unterliegt einem Kontrahierungszwang[199].

Eine Ausnahme besteht nur, wenn ein begründeter Verdacht auf Arzneimittelmissbrauch vorliegt (§ 17 Abs. 8 ApBetrO). Ein begründeter Missbrauchsverdacht kann gegeben sein, wenn ein Kunde mehrere gleichlautende Rezepte vorlegt oder er Arzneimittel in kürzeren Abständen in größeren Mengen kauft. Auch untypische Verhaltensweisen oder die körperliche Verfassung eines Kunden können zu einem begründeten Verdacht auf Arzneimittelmissbrauch führen[200]. Nicht konkretisierte Vermutungen für einen Arzneimittelmissbrauch reichen jedoch nicht aus, da andernfalls der Kontrahierungszwang leicht umgangen werden könnte. Die Abwägung ist für den Apotheker nicht immer einfach. Insbesondere läuft er, wenn er zu Unrecht die Abgabe von Arzneimitteln verweigert, Gefahr, sich wegen unterlassener Hilfeleistung nach § 323c StGB oder fahrlässiger Körperverletzung strafbar zu machen.

Bei apothekenpflichtigen, aber nicht verschreibungspflichtigen Arzneimitteln ist der Kontrahierungszwang im Gesetz nicht ausdrücklich normiert. Gleichwohl besteht er nach richtiger Auffassung. Ein Apotheker muss einem Kunden, der beispielsweise eine Packung Aspirin erwerben will, diese verkaufen, sofern kein

---

197 Siehe hierzu auch *Pfeil/Pieck/Blume*, a.a.O., § 17 Rdnr. 162 ff.
198 Übereinkommen mit der Schweiz betreffend die gegenseitige Zulassung der in der Nähe der Grenze wohnenden Medizinalpersonen zur Ausübung der Praxis vom 29.02.1884, RGBl I S. 45.
199 Hierzu *Pfeil/Pieck/Blume*, a.a.O., § 17 Rdnr. 169; *Cyran/Rotta*, a.a.O., § 17 Rdnr. 485 f.
200 Siehe auch *Pfeil/Pieck/Blume*, a.a.O., § 17 Rdnr. 234; *Cyran/Rotta*, a.a.O., § 17 Rdnr. 607 ff.

Verdacht auf Arzneimittelmissbrauch besteht. Hierfür sprechen zwei Gründe. Zum einen ist die Abgabe apothekenpflichtiger Arzneimittel monopolisiert. Der Kunde kann diese Produkte nur in Apotheken, nicht aber in anderen Geschäften erhalten. Als Gegenstück zum Monopol muss aber eine Vertragseingehungspflicht stehen, da andernfalls einzelne Kunden von der Versorgung ausgeschlossen werden könnten.

Zum anderen sieht § 17 Abs. 2a Ziff. 4 ApBetrO beim Versand einen Kontrahierungszwang für alle Arzneimittel vor. Es wäre systemwidrig, den Apotheker mit einer Versandhandelserlaubnis zu verpflichten, jedwedes Arzneimittel zu versenden, dem Apotheker, der keine Versandhandelserlaubnis hat aber eine Wahlfreiheit, ob und mit wem er Verträge über OTC-Arzneimittel schließen möchte, einzuräumen. Ein Apotheker, der einem kranken Kunden oder dessen Boten die Abgabe eines benötigten Arzneimittels verweigert, macht sich zudem einer unterlassenen Hilfeleistung nach § 323c StGB schuldig.

cc) Ausführung in angemessener Zeit

Die Verschreibungen sind nach § 17 Abs. 4 ApBetrO in angemessener Zeit auszuführen. Vor dem 01.01.2004 bestand die Pflicht, Verschreibungen unverzüglich auszuführen. Die Änderung des Wortlauts trägt lediglich den unterschiedlichen Abgabearten, insbesondere auch dem Versand von Arzneimitteln[201] Rechnung, ohne dem Apotheker im normalen Apothekenbetrieb längere Abgabefristen einräumen zu wollen[202]. In den Apothekenbetriebsräumen sind Verschreibungen nach wie vor unverzüglich, das heißt ohne schuldhafte Verzögerung auszuführen. Instruktiv für einen Fall schuldhafter Verzögerung ist die Weigerung der Abgabe eines Arzneimittels eines Apothekenleiters mit der Begründung, der Kunde möge in 20 Minuten wieder kommen, da derzeit gerade ein Fußballspiel im Fernsehen übertragen werde[203].

Erfüllt der Apotheker die von der Apothekenbetriebsordnung vorgegebenen Bevorratungspflichten (§ 15 ApBetrO)[204], kann er der Verpflichtung, Verschreibungen in angemessener Zeit auszuführen, auch problemlos nachkommen.

dd) Abgabeverweigerung aus Gewissensgründen

Eine interessante von der Rechtsprechung noch nicht entschiedene Frage ist, inwieweit Apotheker oder Angehörige des pharmazeutischen Personals die Abgabe von Arzneimitteln aus Gewissensgründen verweigern dürfen. Insbesondere stellt sich diese Frage bei der Abgabe nidationshemmender Arzneimittel oder der so-

---

201 Dazu unten S. 66.
202 So auch *Cyran/Rotta*, a.a.O., § 17, Rdnr. 487 f.
203 Siehe hierzu Berufsgericht Hannover, Urteil vom 20.12.1967, PZ 1968, 306.
204 Siehe oben S. 29.

genannten Abtreibungspille[205]. Angesichts des hohen Stellenwerts der Glaubens- und Gewissensfreiheit nach Art. 4 Abs. 1 GG, die nicht beschränkt werden kann, wird man es dem Apotheker zugestehen müssen, in absoluten Ausnahmefällen die Abgabe eines Arzneimittels aus Gewissensgründen zu verweigern.

e) Preisregulierung

Besonderheiten gelten für den Apotheker bei der Preisfindung für seine Produkte. Während die unabhängige Preisfestlegung bei Kaufleuten selbstverständlich und Preisabsprachen kartellrechtlich sanktioniert werden[206], hat der Gesetzgeber den Arzneimittelpreis für verschreibungspflichtige Arzneimittel vorgegeben[207]. Aufgrund der in § 78 Abs. 1 AMG enthaltenen Verordnungsermächtigung ist die Arzneimittelpreisverordnung erlassen worden. Gemäß § 78 Abs. 2 AMG müssen die Preise und Preisspannen den berechtigten Interessen der Arzneimittelverbraucher, der Tierärzte, der Apotheken und des Großhandels Rechnung tragen. Ein einheitlicher Apothekenabgabepreis für Arzneimittel, die vom Verkehr außerhalb der Apotheken ausgeschlossen sind, ist zu gewährleisten, es sei denn, es handelt sich um nicht verschreibungspflichtige Arzneimittel, die nicht zu Lasten der gesetzlichen Krankenversicherung abgegeben werden.

Die letztgenannte Ausnahme, die Freigabe der Arzneimittelpreise für nicht verschreibungspflichtige, apothekenpflichtige Arzneimittel (OTC-Arzneimittel) ist am 01.01.2004 durch das GKV-Modernisierungsgesetz eingeführt worden. In der Gesetzesbegründung[208] heißt es hierzu wie folgt:

„Die bisher vorgetragenen Argumente für die Preisbindung (Lagerrisiko und Kapitalbindung der Apotheke, Unzumutbarkeit von Preisvergleichen für den Patienten) lassen sich zumindest bei nicht verschreibungspflichtigen Medikamenten nicht mehr halten. Die Freigabe für nicht verschreibungspflichtige Arzneimittel wird zu einer deutlichen Zunahme des Wettbewerbs und tendenziell zu sinkenden Preisen führen."

In der Arzneimittelpreisverordnung ist dies durch Aufnahme des § 1 Abs. 4, der die nicht verschreibungspflichtigen Arzneimittel von der Anwendung der Arzneimittelpreisverordnung ausnimmt, umgesetzt worden.

---

205 Hierzu *Hirsch*, MedR 1987, 12 ff.; *Cyran/Rotta*, a.a.O., § 17 Rdnr. 491; *Pfeil/Pieck/Blume*, a.a.O., § 17 Rdnr. 172.

206 §§ 1, 2 GWB; vgl. auch *Kieser*, ABC der Apothekenwerbung, Gemeinschaftswerbung.

207 Siehe hierzu auch *Dettling/Lenz*, Der Arzneimittelvertrieb in der Gesundheitsreform 2003, S. 14 ff.

208 BT-Drucks. 15/1525 vom 08.09.2003, S. 166.

Für verschreibungspflichtige Arzneimittel gilt die Preisbindung nach wie vor. Allerdings gab es zum 01.01.2004 durch Änderung des § 3 AMPreisVO eine Änderung bei der Berechnung des dem Apotheker zustehenden Festzuschlags[209]. Dieser Zuschlag besteht jetzt aus einem preisabhängigen prozentualen Zuschlag in Höhe von 3 %, der auf den Herstellerabgabepreis zuzüglich des höchst zulässigen Großhandelszuschlags erhoben wird, und aus einem preisunabhängigen Zuschlag in Höhe von 8,10 € je Packung zuzüglich Umsatzsteuer.

Die Preisregulierung dient einerseits dazu, die finanziellen Belastungen der gesetzlichen Krankenkasse und der privaten Krankenversicherung zu steuern, andererseits die gleichmäßige, flächendeckende Verteilung der Apotheken, die ein wesentlicher Bestandteil der Arzneimittelversorgung ist[210], zu gewährleisten. Eine Niederlassungsbeschränkung für Apotheken ist in Deutschland verfassungswidrig, da es mildere Mittel gibt, die flächendeckende Versorgung der Bevölkerung mit Arzneimitteln zu gewährleisten[211]. Die Preisregulierung, die der gleichmäßigen, flächendeckenden Versorgung der Bevölkerung mit Arzneimitteln dient, ist ein solches milderes Mittel[212].

Der einheitliche Abgabepreis dient, auch wenn er im Einzelfall den günstigeren Erwerb eines Arzneimittels verhindert, der nachhaltigen Sicherung einer zeit- und ortsnahen Arzneimittelversorgung. Er verhindert das Ausnutzen von Notsituationen und eine willkürliche Preisgestaltung, insbesondere bei Verknappung bestimmter Arzneimittel. Die Preisbindung ist außerdem ein Gegenstück zur Monopolisierung dieser Waren und zu dem Kontrahierungszwang, der Apotheken auferlegt ist.

Die Arzneimittelpreisverordnung gilt auch für ausländische Versandapotheken, die in Deutschland zugelassene Arzneimittel nach Deutschland an dort ansässige Endverbraucher versenden[213]. Der Erlass von Regelungen über Arzneimittelpreise ist eine nationale Angelegenheit, für die die Mitgliedstaaten verantwortlich sind. Die nationalen Arzneimittelpreisregelungen sind im Rahmen der Befugnis der Mitgliedstaaten, das Gesundheitswesen zu organisieren und die flächendeckende Versorgung der Bevölkerung mit Arzneimitteln zu gewährleisten, gemeinschaftsrechtskonform[214].

---

209 Siehe hierzu auch *Meyer*, DAZ 2003, 5593 ff.
210 Siehe zur Erreichbarkeit der nächsten Apotheke auch BVerwGE 45, 331, 339; VGH Baden-Württemberg, NJW 1995, 1631 f.; Dettling/Lenz, a.a.O., S. 18 ff.
211 BVerfGE 7, 377 ff.
212 Vgl. *Cyran/Rotta*, a.a.O., § 17 Rdnr. 69 m.w.N.
213 Vgl. auch *Mand*, GRUR Int. 2005, 637 ff.
214 Vgl. *Cyran/Rotta*, a.a.O., Rdnr. 432 ff.; a.A. OLG Hamm, Urteil vom 21.09.2004, Az. 4 U 74/04 –nicht rechtskräftig.

f) Zuzahlung

Bei der Abgabe von Arznei- und Hilfsmitteln an Versicherte der gesetzlichen Krankenkassen zu deren Lasten hat der Apotheker nach §§ 31, 33, 43b, 61 SGB V Zuzahlungen einzubehalten. Der Apotheker wird dabei für die Krankenkasse tätig. Kommt er dieser Verpflichtung nicht nach, verhält er sich regelmäßig berufsrechtswidrig[215]. Umstritten ist, ob zugleich ein Wettbewerbsverstoß vorliegt, ob also die Zuzahlungsvorschriften Vorschriften sind, die auch dazu bestimmt sind, im Interesse der Marktteilnehmer das Marktverhalten zu regeln (§ 4 Ziff. 11 UWG). Die jüngere Rechtsprechung[216] hat dies teilweise verneint und einen Wettbewerbsverstoß abgelehnt. In der Literatur[217] wird dies, wie von einigen Gerichten[218], kritisch gesehen.

g) Einzelimporte

Apotheken sind in ihrem Sortiment nicht nur auf in Deutschland zugelassene Arzneimittel beschränkt, sondern dürfen auch einzelimportierte Arzneimittel aus anderen Staaten im Rahmen des § 73 Abs. 3 AMG abgeben[219]. Voraussetzung hierfür ist, dass das Arzneimittel in dem Staat, aus dem es in den Geltungsbereich des Arzneimittelgesetzes verbracht worden ist, in den Verkehr gebracht werden darf und nur in geringen Mengen und auf besondere Bestellung einzelner Personen von den Apotheken bezogen wird. Stammt das Arzneimittel nicht aus der Europäischen Gemeinschaft oder einem anderen Vertragsstaat des Abkommens über den europäischen Wirtschaftsraum, ist weiter eine ärztliche Verschreibung für den Bezug durch die Apotheke notwendig[220]. Seit Inkrafttreten der 14. AMG-Novelle[221] ist der Einzelimport aus nicht EU-Staaten, die auch nicht dem europäischen Wirtschaftsraum angehören, nur zulässig, wenn in Deutschland eine Versorgungslücke besteht, wenn also hinsichtlich des Wirkstoffs identische und hinsichtlich der Wirkstärke vergleichbare Fertigarzneimittel im Geltungsbereich

215 Vgl. etwa § 8 Ziff. 7 Berufsordnung der Landesapothekerkammer Baden-Württemberg.
216 Vgl. OLG Hamm, Urteil vom 21.09.2004, Az. 4 U 74/04 – nicht rechtskräftig.
217 *Cyran/Rotta*, a.a.O., § 17 Rdnr. 87; *Möller*, WRP 2004, 530 ff.
218 LG Hamburg, Urteil vom 10.02.2004, MD 2004, 444 ff.
219 Hierzu allgemein Kieser, Arzneimittel & Recht 2005, 147 ff.; *Reinhart/Meisterernst/Meyer*, Recht der Apothekenpraxis, 2005, S. 5 f.
220 Seit dem 06.08.2004, dem Inkrafttreten der 12. AMG-Novelle, findet auf einzelimportierte Arzneimittel grundsätzlich die Arzneimittelpreisverordnung Anwendung. Dies ist jedoch kaum praktikabel, da es für das nicht zugelassene Arzneimittel gerade keinen einheitlichen Abgabepreis in Deutschland gibt; s. allgemein hierzu *Roberts/Riegraf*, Apotheke & Recht 2005, 1 ff.
221 Gesetz vom 29.08.2005, BGBl I 2570 ff.

des Arzneimittelgesetzes für das betreffende Anwendungsgebiet nicht zur Verfügung stehen[222].

Für diese Bezugsmöglichkeit darf der Apotheker – auch nicht gegenüber den Fachkreisen – nach überwiegender Auffassung nicht werben, wie sich aus § 8 HWG ergibt[223]. Er hat außerdem nach § 18 ApBetrO über die Einfuhr von Arzneimitteln ein spezielles Arzneibuch zu führen. Mit diesem kann bei einer Revision überprüft werden, ob sich der jeweilige Apotheker an die Vorgaben, die in § 73 Abs. 3 AMG an den Einzelimport gestellt werden, gehalten hat oder nicht.

h) Substitutionsverbot

Die Arzneimittel, die ein Apotheker auf Verschreibung abgibt, müssen den Angaben in der Verschreibung und den damit verbundenen Vorschriften des SGB V zur Arzneimittelversorgung entsprechen[224]. Dem Apotheker ist es damit grundsätzlich untersagt, Arzneimittel zu substituieren.

Eine Ausnahme vom Substitutionsverbot und sogar eine Verpflichtung zur Substituierung normiert aber § 129 Abs. 1 Nr. 1 SGB V. Sofern der Arzt ein Arzneimittel nur unter seiner Wirkstoffbezeichnung verordnet oder die Ersetzung eines Arzneimittels durch ein wirkstoffgleiches Arzneimittel auf der Verschreibung zugelassen hat, ist der Apotheker berechtigt, ein anderes, wirkstoffgleiches Arzneimittel abzugeben, das jedoch, wie sich aus § 129 Abs. 1 Nr. 1 SGB V ergibt, preisgünstig(er) sein muss. Üblicherweise vermerkt ein Arzt, der dem Apotheker die Substitutionsmöglichkeit eröffnet, dies auf der Verschreibung mit „*aut idem*"[225]; auf den Standardverordnungsblättern (Muster 16), die kassenärztliche Vertragsärzte verwenden, ist „*aut idem*" schon vorgesehen[226]. Um Haftungsfälle zu vermeiden, sollte der Apotheker in jedem Fall mit dem Patienten etwaige Allergien außerhalb des Wirkstoffbereichs abklären. Substituiert ein Apotheker oder das pharmazeutische Personal bei einem Kassenpatienten mit einem wirkstoffgleichen Präparat, das die identische Wirkstärke hat und für dasselbe Indikationsgebiet zugelassen ist, obwohl aut idem durch dessen Arzt ausgeschlossen wurde, liegt kein Verstoß gegen § 48 AMG – Abgabe eines Arzneimittels ohne entsprechende Verschreibung – vor. Die Verschreibungspflicht knüpft an einen besonderen Wirkstoff, nicht an Galenik oder Arzneimittelnamen an. Eine Selbstbehandlung des Patienten mit diesem Wirkstoff soll verhindert werden. Hat der Patient aber einen Arzt aufgesucht und dieser die Anwendung eines Arzneimittels mit einem bestimmten Wirkstoff für notwendig erachtet, führt die Abgabe

---

222 Vgl. ausführlich *Kieser,* Arzneimittel und Recht, 2005, 147 ff.
223 Vgl. Hanseatisches OLG, PharmaR 2005, 365 ff.
224 § 17 Abs. 5 Satz 1 ApBetrO.
225 Siehe hierzu etwa *Meyer,* DAZ 2003, 5481 ff.
226 Vgl. zur Bedeutungsumkehr des aut idem-Felds *Kieser,* Apotheke & Recht 2006, 1 ff.

eines anderen Arzneimittels, das den identischen Wirkstoff hat und für dasselbe Indikationsgebiet zugelassen ist, nicht zur Abgabe eines verschreibungspflichtigen Arzneimittels ohne Verschreibung. Was in diesem Fall bleibt, ist ein Verstoß gegen § 129 SGB V und den Rahmenvertrag, der zwischen Krankenkassen und Apothekerverbänden geschlossen worden ist[227].

Eine Ausnahme von dem Substitutionsverbot des § 17 Abs. 5 Satz 1 ApBetrO bestimmt § 17 Abs. 5a ApBetrO. Bei Dienstbereitschaft außerhalb der allgemeinen Ladenschlusszeiten darf ein Apotheker ein anderes, mit dem verschriebenen Arzneimittel nach Anwendungsgebieten und nach Art und Menge der wirksamen Bestandteile identisches sowie der Darreichungsform und pharmazeutischen Qualität vergleichbares Arzneimittel abgeben, wenn das verschriebene Arzneimittel nicht verfügbar ist und ein dringender Fall vorliegt, der die unverzügliche Anwendung des Arzneimittels erforderlich macht. In diesen Fällen hat der Apotheker eine besondere Fürsorgepflicht. Er muss zum einen abklären, ob ein dringender Fall vorliegt, zum anderen feststellen, ob ein Ausweichen auf eine andere Darreichungsform ausreicht, oder ein Arzneimittel mit einer anderen Galenik oder Bioäquivalenz in Betracht kommt.

i) Aufklärungspflicht des Apothekers

Ist die Verschreibung des Arztes unklar, unleserlich oder enthält sie einen erkennbaren Irrtum, darf das Arzneimittel nicht abgegeben werden, bis die Unklarheit beseitigt ist. Für den Apotheker besteht eine Verpflichtung, Rücksprache mit dem Arzt vor Abgabe des Arzneimittels zu klären. Änderungen sind auf der Verschreibung zu vermerken. Mit dem Einzug von Computer und Druckern in die Praxisräume geht auch die wohl häufigste Fehlerquelle bei der Abgabe von Arzneimitteln, die unleserliche Schrift des verschreibenden Arztes, zurück[228].

Trotz der eindeutigen Vorgaben der Apothekenbetriebsordnung und der Ahndung eines Verstoßes sowohl als Ordnungswidrigkeit als auch als Berufsrechtsvergehen werden in der Praxis Rückfragen bei Bedenken gegen auf Verschreibungen angegebenen Dosierungen oder bei Wechselwirkungen zwischen anderen verschriebenen Arzneimitteln etc. von den meisten Ärzten ungern gesehen und teilweise sogar als belästigend empfunden.

---

227 Vgl. hierzu im Detail, *Kieser*, Apotheke & Recht 2006, 1 ff.

228 Instruktiv hierzu DAZ 2003, 2408 ff. – Verordnung falscher Arzneimittel – Ein Problem mit vielen Gesichtern; DAZ 2003, 2657 ff. –Falsche und skurrile Angaben auf Rezepten; *Müller-Bohn*, DAZ 2005, 4793 ff. –Verwechselte Arzneimittelnamen – Ein Sicherheitsrisiko.

§ 17 Abs. 5 ApBetrO lässt die Vorschriften der Betäubungsmittel-Verschreibungsverordnung unberührt. Die Betäubungsmittel-Verschreibungsverordnung regelt dabei insbesondere auch, wie zu verfahren ist, wenn Anforderungsscheine bei Stationsverschreibungen unklar, oder unleserlich sind.

j) Behandlung der Verschreibung

Mit der Abgabe verschreibungspflichtiger Arzneimittel hat der Apotheker nach § 17 Abs. 6 ApBetrO auf der Verschreibung verschiedene Angaben zu machen. Er hat zum einen Name oder Firma des Inhabers der Apotheke und Anschrift anzugeben, zum anderen das Datum der Abgabe und den Preis des Arzneimittels. Auf die Verschreibung ist außerdem das Namenszeichen des Apothekers, des Apothekerassistenten, des Pharmazieingenieurs oder des Apothekenassistenten, der das Arzneimittel abgegeben hat oder des Apothekers, der die Abgabe beaufsichtigt hat, aufzunehmen.

Der Apothekenleiter kann die Befugnis zum Abzeichnen von Verschreibungen an pharmazeutisch-technische Assistenten übertragen. Der pharmazeutisch-technische Assistent hat bei Unklarheiten und bei Verschreibungen, die nicht in der Apotheke verbleiben, die Verschreibung **vor** der Abgabe dem Apotheker vorzulegen, ansonsten unverzüglich **nach** der Abgabe. Diese Verpflichtung ist der eigentliche Grund, weshalb allenfalls eine kurzfristige Abwesenheit von Apothekern möglich und eine jederzeitige Erreichbarkeit notwendig ist[229]. Die Pflicht zur unverzüglichen Vorlage nach der Abgabe soll gewährleisten, dass bei Fehlern noch rechtzeitig eingegriffen werden kann. Dies wäre nicht der Fall, wenn die Verschreibungen nur einmal am Tag dem Apotheker von den pharmzeutisch-technischen Assistenten vorgelegt werden.

Durch die Verordnung zur Änderung der Apothekenbetriebsordnung[230] ist eine weitere Verpflichtung des Apothekers bei der Abgabe von Verschreibungen hinzugekommen. Gemäß § 17 Abs. 6 Nr. 5 ApBetrO ist das in § 300 Abs. 3 Nr. 1 SGB V genannte bundeseinheitliche Kennzeichen für das verordnete Fertigarzneimittel anzugeben, wenn es zur Anwendung beim Menschen bestimmt ist (sogenannte Pharmazentralnummer oder PZN).

Bei gesetzlich Versicherten schreibt § 300 SGB V noch weitere Angaben auf den Verordnungen, wie Institutionskennzeichen der Apotheke oder Zuzahlungen vor, die die Abrechnung erleichtern. Diese Angaben müssen darüber hinaus maschinenlesbar sein.

---

229 Hierzu *Pfeil/Pieck/Blume*, a.a.O., § 17 Rdnr. 215; *Cyran/Rotta*, a.a.O., § 17 Rdnr. 577.
230 Vom 12.07.2004, BGBl I, S. 1611.

k) Besonderheiten bei Blutprodukten

Besondere Dokumentations- und Sicherheitspflichten hat der Apotheker gemäß § 17 Abs. 6a ApBetrO bei der Abgabe von Blutprodukten. Hierdurch soll eine lückenlose Rückverfolgung sämtlicher Präparate ermöglicht werden, wenn der Verdacht der Infektion mit HIV oder Hepatitisviren besteht[231].

3. Versand von Arzneimitteln

Seit dem 01.01.2004 können apothekenpflichtige Arzneimittel im Wege des Versandes in den Verkehr gebracht werden, sofern der Apotheker über eine Versandhandelserlaubnis nach §§ 43 Abs. 1 Satz 1 AMG, 11a ApoG verfügt. Der Gesetzgeber hat sich zum 01.01.2004 für die generelle Zulassung des Versandhandels entschieden[232], obwohl diese weder europarechtlich noch verfassungsrechtlich[233] geboten war. Der europäische Gerichtshof hat in der Entscheidung DocMorris[234] nur festgestellt, dass der Versand apothekenpflichtiger Arzneimittel durch Apotheken mit Sitz in einem anderen Mitgliedsstaat der Europäischen Union nicht verboten werden kann, die Freigabe des Versandes verschreibungspflichtiger Arzneimittel jedoch gemeinschaftsrechtlich nicht notwendig ist. Das Bundesverfassungsgericht[235] hat das Versandverbot von Impfstoffen an Ärzte, also an Fachkreise, für verfassungswidrig erklärt. Es hat sich nicht zur Zulässigkeit des Versandes an Endverbraucher geäußert. Auffällig ist bei der Umsetzung der Versandvorschriften, dass die Neufassung des § 43 Abs. 1 Satz 1 AMG – Versandhandelsverbot mit Erlaubnisvorbehalt – jedenfalls was den Versand an Fachkreise angeht, hinter den Anforderungen des Bundesverfassungsgerichts zurückbleibt. Das Bundesverfassungsgericht hat die Zulässigkeit des Versandes von Impfstoffen an Ärzte nicht davon abhängig gemacht, dass der versendende Apotheker über eine spezielle Erlaubnis verfügt[236]. Im Jahr 2004 haben ca. 6 % der Inhaber einer Apothekenbetriebserlaubnis von der Möglichkeit, eine Versandhandelserlaubnis zu beantragen, Gebrauch gemacht[237].

---

231 Vgl. von *Auer*, DAZ 1998, 3623.
232 Allgemein *Sander*, Apotheke & Recht 2004, 44 ff.
233 Zur verfassungsrechtlichen Zulässigkeit des Versands von Impfstoffen an Ärzte siehe BVerfGE 107, 186 ff.
234 EuGH, Urteil vom 11.12.2003, GRUR-Int 2004, 80 ff.
235 BVerfGE 107, 186 ff.
236 So zutreffend *Cyran/Rotta*, a.a.O., § 17 Rdnr. 344.
237 Der Versand von Tierarzneimitteln an andere als die in § 47 AMG genannten Endverbraucher, also vor allem an Landwirte und die Besitzer von Haustieren ist, wie sich aus § 43 Abs. 5 AMG ergibt, nach wie vor unzulässig; vgl. hierzu auch Urteil des Verwaltungsgerichts Neustadt an der Weinstraße vom 21.06.2005, Az. 5 K 2510/04.

a) Versandhandelserlaubnis im Rahmen des Apothekenbetriebs

Voraussetzung für die Erteilung einer Versandhandelserlaubnis ist, dass der Apotheker versichert, die in § 11a ApoG genannten Anforderungen zu erfüllen. Bei der schriftlichen Versicherung handelt es sich nicht um eine Versicherung an Eides statt, wie bei der Beantragung der Apothekenbetriebserlaubnis gemäß § 2 Abs. 1 Ziff. 5 ApoG, sondern letztlich wie im öffentlichen Recht an einigen Stellen vorgesehen, um eine Erleichterung des Amtsermittlungsgrundsatzes. Wenn der Apotheker versichert, die Anforderungen einzuhalten, die das Gesetz stellt, besteht für die erteilende Behörde – regelmäßig die Behörde, die auch die Apothekenbetriebserlaubnis erteilt – keine Verpflichtung, weitere Ermittlungen aufzunehmen, sofern nicht Anhaltspunkte dafür bestehen, dass der Apotheker, der die Erlaubnis beantragt hat, die Anforderungen nicht erfüllen wird.

Die Versandhandelserlaubnis knüpft gemäß § 11a Ziff. 1 ApoG an die allgemeine Apothekenbetriebserlaubnis an. Eine isolierte Versandapotheke, die von einer normalen öffentlichen Apotheke unabhängig ist, soll es nach dem Willen des Gesetzgebers nicht geben. Reine Versandapotheken ohne Offizinbetrieb sind unzulässig[238].

b) Qualitätssicherung

aa) Handbuch

Schon bei Beantragung der Versandhandelserlaubnis muss der Apotheker versichern, mit einem Qualitätssicherungssystem zu arbeiten. Es empfiehlt sich, ein umfassendes Handbuch in den Räumlichkeiten, aus denen Arzneimittel versandt werden und in denen beraten wird, zu haben, in dem die Mitarbeiter gegebenenfalls nachschlagen und weitere Informationen abrufen können. Wenn unklar ist, ob ordnungsgemäß versandt worden ist oder ob der Apotheker sein Personal ordnungsgemäß überwacht, kann ein solches Handbuch helfen, die Einhaltung der gesetzlichen Verpflichtungen zu dokumentieren. Allerdings entlastet alleine die Existenz eines Handbuchs und eines Qualitätssicherungssystems nicht von stichprobenartigen Kontrollen, Überwachungsmaßnahmen und Schulungen.

bb) Transport und Verpackung

Gemäß § 11a Ziff. 2a ApoG i.V.m. § 17 Abs. 2a Ziff. 2 ApBetrO ist sicherzustellen, dass das Arzneimittel so verpackt, transportiert und ausgeliefert wird, dass seine Qualität und Wirksamkeit erhalten bleibt. Das Bundesministerium für Gesundheit und soziale Sicherung hat hierzu Empfehlungen herausgegeben[239].

---

238 Vgl. VG Regensburg, Beschluss vom 21.04.2004, Apotheke & Recht 2004, 131 ff.

239 Empfehlungen zum Versandhandel und elektronischen Handel mit Arzneimitteln des Bundesministeriums für Gesundheit und soziale Sicherung vom 18.03.2004, Bundesanzeiger vom 25.03.2004, S. 6104.

Danach muss das Transportgut insbesondere vor Druck, Stoß, Vibrationen, Fall, Licht, Temperatur- und Feuchtigkeitseinflüssen geschützt werden. Außerdem soll möglichst nicht erkennbar sein, dass es sich bei dem Inhalt des Päckchens um Arzneimittel handelt, andererseits jedoch auf einen zerbrechlichen oder thermolabilen Inhalt hingewiesen werden.

Pauschale Versandanforderungen können nicht normiert werden. Diese sind von Arzneimittel zu Arzneimittel unterschiedlich. Insbesondere bei thermolabilen Arzneimitteln ist ganz besondere Vorsicht und gegebenenfalls der Einsatz aktiver, kostenträchtiget Kühlsysteme, die Kühlung bei längeren Zustellzeiten und gegebenenfalls eine Zweitzustellung gewährleisten, notwendig.

cc) Auslieferung

Gemäß § 11a Ziff. 2b ApoG, § 17 Abs. 2a Ziff. 2 ApBetrO ist sicherzustellen, dass das Arzneimittel entsprechend den Angaben des Auftraggebers ausgeliefert und gegebenenfalls die Auslieferung schriftlich bestätigt wird. Der Apotheker kann in begründeten Fällen entgegen der Angabe des Auftraggebers, insbesondere wegen der Eigenart des Arzneimittels verfügen, dass das Arzneimittel nur gegen schriftliche Empfangsbestätigung ausgeliefert wird. Der Besteller kann eine natürliche Person, an die das Arzneimittel ausgehändigt werden soll, namentlich benennen, er kann auch angeben, dass das Arzneimittel in der Nachbarwohnung abgegeben oder an seinen Arbeitsplatz geschickt werden soll.

Demgegenüber ist die Einwilligung des Kunden bzw. der Auftrag des Kunden, der maßgeblich durch die Versandapotheke beeinflusst wird, das Arzneimittel an einen vorbestimmten Ort oder ein Geschäft, mit dem die Versandapotheke kooperiert, zu schicken, in dem der Kunde das Arzneimittel dann abholt, nicht mit dem Grundgedanken des Versands vereinbar[240]. Zudem wäre eine solche Arzneimittelabgabestelle ein Arzneimittellager, das der Genehmigung bedarf.

Mit der Möglichkeit, in begründeten Fällen das Arzneimittel nur gegen Empfangsbestätigung auszuhändigen, kann der Apotheker Risiken, die sich beispielsweise bei der (noch) zulässigen Versendung von Betäubungsmitteln oder bei Versendung thermolabiler[241] Arzneimittel ergeben, soweit als möglich entgegenwirken[242].

---

240 Siehe hierzu VG Düsseldorf, Beschluss vom 23.02.2005, Az. 16 L 3117/04 – dm/Europa-Apotheek Venlo; bestätigt durch OVG Nordrhein-Westfalen, Beschluss vom 19.08.2005, Az. 13 B 426/05.

241 Siehe hierzu auch § 17b ApBetrO-E, dessen Absatz 3 besondere Anforderungen an den Versand thermolabiler Arzneimittel stellt.

242 Derzeit ist der Erlass einer Arzneimittelversandhandels-Verordnung in Vorbereitung. Diese sieht vor, einen § 17a in die Apothekenbetriebsordnung aufzunehmen. Gemäß § 17a Abs. 4 ApBetrO-E sollen Betäubungsmittel ganz aus dem Versand an Patienten herausgenommen werden. Gleiches gilt für Impfstoffe, die vom Arzt angewendet werden, und Sera aus mensch-

dd) Information und Beratung

Ein Kunde, der vom Versandangebot Gebrauch macht, ist gemäß § 11a Abs. 2 Ziff. 2c ApoG, § 17 Abs. 2a Ziff. 6 ApBetrO darauf hinzuweisen, dass er mit dem behandelnden Arzt Kontakt aufnehmen soll, sofern Probleme bei der Anwendung des Arzneimittels auftreten.

Jeder Kunde muss die Möglichkeit haben, Beratungen über das Arzneimittel, Wechselwirkungen und Nebenwirkungen, Darreichungsformen und Anwendungsgebiete einzuholen. Die Beratung muss durch pharmazeutisches Personal und in deutscher Sprache angeboten werden[243]: Der Kunde ist über diese Beratungsmöglichkeit zu informieren. Ihm sind ferner die Zeiten, in denen die Beratung angeboten wird, mitzuteilen. Sofern bei der Inanspruchnahme der fernmündlichen Beratung Kosten entstehen, die über diejenigen hinausgehen, die bei normalen Ferngesprächen aus dem Festnetz der Deutschen Telekom AG hinausgehen, ist der Apotheker nicht nur aus Kundeninteresse gut beraten, diese Kosten anzugeben. Werden die Kosten verschleiert, kann gegebenenfalls eine wettbewerbsrechtliche Irreführung vorliegen. Wie bei der Beratung in der Offizin steht es dem Apotheker frei, neben der Beratung in deutscher Sprache auch eine fremdsprachliche Beratung anzubieten. Gewährleistet muss nur sein, dass der Kunde, der eine deutsche Beratung wünscht, diese auch erhält.

c) Ausführungszeiten

§ 17 Abs. 4 ApBetrO verpflichtet den Apotheker, wie schon oben gezeigt[244], Verschreibungen in angemessener Zeit auszuführen. Für den Versandhandel wird dies durch § 11a Ziff. 3a ApoG, § 17 Abs. 2a Ziff. 3 ApBetrO umgesetzt. Danach ist innerhalb von zwei Arbeitstagen nach Eingang der Bestellung das bestellte Arzneimittel zu versenden, soweit das Arzneimittel in dieser Zeit zur Verfügung steht. Rechnet man eine Transportdauer von ein bis zwei Tagen sowohl der Bestellung, der das Rezept im Original beigefügt sein muss, eine Telefaxübersendung reicht gerade nicht aus, als auch des Arzneimittels hinzu, vergehen zwischen dem Abschicken der Bestellung durch den Patienten und dem Erhalt des Arzneimittels vier bis sechs Arbeitstage[245]. Dies verdeutlicht, dass der Versand regelmäßig bei akuten Erkrankungen, die eine zeitnahe Versorgung mit Arzneimitteln notwendig macht, nicht in Betracht kommt und die traditionelle Apotheke nicht ersetzen kann. Der Versand kann eine flächendeckende Versorgung mit Arzneimitteln in angemessener Zeit regelmäßig nicht gewährleisten. Er eignet sich allenfalls be-

---

lichem Blut. Die Versendung von Zytostatika und radioaktiven Arzneimitteln sowie von Arzneimitteln von beschränkter Haltbarkeitsdauer wird eingeschränkt.

243 § 11a Ziff. 2d ApoG, § 17 Abs. 2a Ziff. 7 ApBetrO.
244 Siehe dazu S. 113.
245 Siehe auch *Dettling*, DAZ 2003, 2528, 2530.

dingt für die Versorgung chronisch Kranker, bei denen der Arzneimittelbedarf im Voraus absehbar und planbar ist.

Die Zwei-Tages-Bearbeitungsfrist des § 11a Ziff. 3a ApoG ist durch den Kunden disponibel. Wenn der Kunde weiß, dass er eine Woche im Urlaub ist und eine Zustellung des Arzneimittels erst später wünscht, kann er dies dem Apotheker mitteilen. Für den Apotheker ist die Zwei-Tages-Frist hingegen bindend. Er hat, wenn er erkennt, dass das bestellte Arzneimittel nicht innerhalb der Zwei-Tages-Frist versandt werden kann, den Besteller hiervon zu unterrichten. Diese Unterrichtung muss zeitnah und in geeigneter Weise, am sinnvollsten telefonisch oder per E-Mail erfolgen.

d) Kontrahierungszwang

Auch wenn der Versand vornehmlich für die Versorgung chronisch kranker Patienten geeignet ist, kann sich der Inhaber einer Versandhandelserlaubnis nicht darauf beschränken, nur bestimmte Arzneimittel zu versenden. Für den Inhaber einer Versandhandelserlaubnis existiert, wie sich aus § 11a Ziff. 3b ApoG i.V.m. § 17 Abs. 2a Ziff. 4 ApBetrO ergibt, ein Kontrahierungszwang. Er hat die bestellten Arzneimitteln zu liefern, soweit sie im Geltungsbereich des Arzneimittelgesetzes in den Verkehr gebracht werden dürfen und verfügbar sind.

Der Versandapotheker hat OTC-Arzneimittel zu versenden, wenn der Kunde dies wünscht. Allerdings kann der Apotheker durch seine Versandbedingungen, insbesondere bei der Übernahme von Versand- und Verpackungskosten und durch die Preisgestaltung bei OTC-Arzneimitteln allgemein lenkend eingreifen und so versuchen, Bestellungen mit geringen Bestellwerten zu vermeiden.

Der Kontrahierungszwang bezieht sich nur auf apotheken- und verschreibungspflichtige Arzneimittel, nicht aber auf freiverkäufliche Arzneimittel. Dies ergibt sich daraus, dass die Versandhandelserlaubnis sich nach § 11a ApoG nur auf apothekenpflichtige Arzneimittel bezieht.

e) Information über Arzneimittelrisiken

Derjenige, der eine Versandhandelserlaubnis beantragt und einen Versandhandel betreibt, muss sicherstellen, dass für den Fall von bekannt gewordenen Risiken von Arzneimitteln ein geeignetes System zur Meldung solcher Risiken durch Kunden, zur Information der Kunden über solche Risiken und zu innerbetrieblichen Abwehrmaßnahmen zur Verfügung steht[246]. Die Meldung von Risiken durch Kunden ist leicht umsetzbar. Sie kann durch Telekommunikationsmittel, per E-Mail, Post, Telefax oder gegebenenfalls auch durch entsprechende Formulare auf Webseiten erfolgen. In der Apotheke, die den Versand betreibt, ist si-

---

246 § 11a Ziff. 3c ApoG, § 17 Abs. 2a Ziff. 5 ApBetrO.

cherzustellen, dass Mitteilungen ausgewertet und gegebenenfalls archiviert bzw. weitere Aufklärungsmaßnahmen eingeleitet werden.

Daneben wird dem Inhaber der Versanderlaubnis auferlegt, Maßnahmen zur Information von Kunden über Risiken zu ergreifen. Mit Hilfe eines modernen Computerprogramms, wie es regelmäßig in Apotheken und insbesondere im Rahmen des Versandes eingesetzt wird, ist es leicht möglich, nachzuvollziehen, welcher Kunde wann welches Arzneimittel bestellt und erhalten hat. Werden Arzneimittel vom Markt genommen oder treten unbekannte Nebenwirkungen auf, kann der Apotheker die Kunden hierüber informieren.

Datenschutzrechtlich ist die Speicherung der Kundendaten jedenfalls dann, wenn kein ausdrückliches Einverständnis in die Speicherung und Verarbeitung vorliegt, problematisch, auch wenn sich der Versand letztlich nur abwickeln lässt, wenn bestimmte Kundendaten elektronisch gespeichert und verarbeitet werden. Um diesen rechtlichen Graubereich zu umgehen, sollte jeder Apotheker in seinem Bestellformular das Einverständnis seiner Kunden zur Speicherung der Kundendaten und auch zur Auswertung im Falle der Information über Risiken von Arzneimitteln einholen.

Die Verpflichtung, die Kunden über Arzneimittelrisiken zu informieren, geht über die Apothekern, die keinen Versand betreiben, auferlegten Verpflichtungen hinaus. Der Offizinapotheker muss Kunden nicht über Risiken bei Arzneimitteln, die nach der Abgabe aufgetreten sind, informieren, auch wenn eine solche Information wegen seiner besonderen Stellung im System der Heilberufe und unter Kundenbindungsgesichtspunkten ratsam ist.

f) Zweitzustellung

Trifft das Versandunternehmen, dessen sich der Apotheker zur Verteilung der bestellten Arzneimittel bedient, den Adressaten der Sendung nicht an, muss eine kostenfreie Zweitzustellung gewährleistet sein. Der Apotheker hat dies in den Verträgen, die er mit dem Versandunternehmen schließt, zu regeln, da er selbst zu einer kostenfreien Zweitzustellung nach § 11a Ziff. 3d ApoG, § 17 Abs. 2a Ziff. 8 ApBetrO verpflichtet ist[247]. Die bekannten unabhängigen Logistikunternehmen bieten von sich aus mehrere Zustellversuche oder auch Abholmöglichkeiten an, so dass der Apotheker hier regelmäßig nichts weiter veranlassen muss[248].

---

247 § 17b ApBetrO-E sieht auch hier weitere Einzelheiten, die der Apotheker bei einem Vertragsschluss mit einem Speditionsunternehmen beachten muss, vor.
248 Hierzu auch *Cyran/Rotta*, a.a.O., § 17 Rdnr. 376.

g) Sendungsverfolgung

Dem Apotheker, der Arzneimittel versendet, muss es jederzeit möglich sein, zu überprüfen, wo sich das Arzneimittel gerade befindet, insbesondere ob das Arzneimittel dem Kunden schon zugestellt worden ist. Gerade bei der Versendung thermolabiler Arzneimittel und gegebenenfalls bei Betäubungsmitteln ist dies von elementarer Wichtigkeit. Der Gesetzgeber schreibt dem Inhaber einer Versandhandelserlaubnis deshalb vor, dass er ein System zur Sendungsverfolgung unterhalten muss[249].

h) Transportversicherung

Schließlich hat der Apotheker gemäß § 11a Ziff. 3f ApoG für die versandten Produkte eine Transportversicherung abzuschließen. Der Transportversicherung kommt im Verbrauchsgüterkauf, wie ihn der Kauf von Arzneimitteln von Endverbrauchern darstellt, jedoch nur dann Bedeutung zu, wenn der Patient die Arzneimittel im Voraus bezahlt, das Arzneimittel beschädigt wird oder nicht ankommt und der versendende Apotheker zwischenzeitlich Insolvenz angemeldet hat. Die Gefahr geht nämlich erst bei der Übergabe des Arzneimittels vom Versandunternehmen an den Endverbraucher auf diesen über. § 447 BGB, der eine andere Gefahrtragung beim Versendungskauf vorsieht, ist, wie sich aus § 474 Abs. 2 BGB ergibt, beim Verbrauchsgüterkauf nicht anwendbar, so dass es bei der normalen Gefahrverteilung des § 446 BGB verbleibt. Auch in Allgemeinen Versand- oder Geschäftsbedingungen ist die Gefahrtragung nicht anderweitig zu Lasten des Verbrauchers regelbar[250]. Relevant kann die Transportversicherung aber beim Versand von Sprechstundenbedarf an Ärzte oder an Großverbraucher wie Krankenhäuser werden, sofern der Apotheker keine speziellen, gegenüber Unternehmen im Sinne des § 310 BGB geltenden Allgemeinen Geschäftsbedingungen verwendet.

i) Elektronischer Handel

Sofern sich ein Apotheker dazu entschließt, apothekenpflichtige Arzneimittel im Wege des elektronischen Handels zum Versand anzubieten, muss er gemäß § 11a Ziff. 3g ApoG dafür Sorge tragen, dass die Apotheke über die für den elektronischen Handel geeigneten Einrichtungen und Geräte verfügt. Apothekenrechtlich wird der elektronische Handel mit Arzneimitteln nicht privilegiert. Die Vorschriften, die für den allgemeinen Versandhandel mit Arzneimittel gelten, sind auch im Falle des elektronischen Handels zu beachten. Der Gesetzgeber hat zur Vereinfachung des elektronischen Handels aber einen neuen Absatz 6 in § 1

---

249 Vgl. § 11a Ziff. 3e ApoG; § 17 Abs. 2a Ziff. 9 ApBetrO.
250 Siehe hierzu auch *Grunewald*, in: *Erman*, BGB, 11. Aufl. 2004, § 475 Rdnr. 4; *Putzo*, in: *Palandt*, 64. Aufl. 2005, § 475 Rdnr. 3 ff.

HWG aufgenommen. Das Heilmittelwerbegesetz findet danach auf das Bestellformular und die dort aufgeführten Angaben, soweit diese für eine ordnungsgemäße Bestellung notwendig sind, keine Anwendung. Wegen der Anwendung des
Heilmittelwerbegesetzes auf Pflichtangaben und Gebrauchsinformationen[251] war
diese Klarstellung notwendig.

Das Bundesministerium für Gesundheit und soziale Sicherung kann gemäß
§ 21 Abs. 1 Satz 4, Abs. 3 ApoG mit Zustimmung des Bundesrats unter anderem Regelungen zur Gestaltung der Website einschließlich des Betreibens und
der Qualitätssicherung von Informationen in elektronischen Medien, die in Verbindung mit dem elektronischen Handel mit Arzneimitteln verwendet werden,
treffen. Solche Regelungen sind mit Entwurf einer Verordnung über den Versand
und die Zustellung von Arzneimitteln sowie die elektronische Information zu
Arzneimitteln in Vorbereitung. Geplant ist der Erlass einer Arzneimittel-Websei-
tenverordnung (AMWebVE). Diese Verordnung soll die Angaben, die auf jeder
Website, auf der Arzneimittel angeboten werden, notwendig sind, regeln, eine
Überprüfungspflicht für Informationen festlegen und den Umfang von Fragebö-
gen in Verbindung mit der Arzneimittelanwendung beschränken.

j) Erteilung der Versandhandelserlaubnis
Sichert der Apotheker zu, die dargestellten Anforderungen im Falle der Erteilung
der Versandhandelsgenehmigung zu erfüllen, ist ihm von der Behörde die Versandhandelserlaubnis zu erteilen. Gemäß § 11b ApoG ist die Erlaubnis wieder
zurückzunehmen, wenn bei ihrer Erteilung eine der Voraussetzungen nach § 11a
ApoG nicht vorgelegen hat. Sie ist ferner zu widerrufen, wenn eine der Voraussetzungen des § 11a ApoG weggefallen ist. Sie kann auch widerrufen werden, wenn
Tatsachen die Annahme rechtfertigen, dass der Inhaber der Versanderlaubnis
die Apotheke entgegen einer vollziehbaren Anordnung der zuständigen Behörde
nicht den Anforderungen, die § 11a ApoG und § 17 Abs. 2a ApBetrO stellen,
entsprechend betreibt.

k) Betrieb einer Versandapotheke ohne Erlaubnis
Wird der Versandhandel ohne Erlaubnis betrieben, gilt § 5 ApoG. Die Behörde
hat den Versandhandel dann zu unterbinden. Relevanz kann dies insbesondere
bei der Frage haben, ob eine ohne Erlaubnis zulässige Botenzustellung oder ein
erlaubnispflichtiger Versandhandel vorliegt.

---

251 BGH GRUR 1991, 860, 861 – Catovit; 1996, 806, 807 – Herz ASS; *Doepner*, Heilmittelwer-
    begesetz, 2. Aufl., 2000, § 4 Rdnr. 21 m.w.N.

l) Versandräumlichkeiten

Bei der Beantragung der Versandhandelserlaubnis ist nicht anzugeben, aus welchen Räumen versandt wird, in welchen Räumen beraten und wo der Versand abgewickelt wird. Es muss sich jedoch um Apothekenbetriebsräume handeln. Auch wenn diese gemäß § 2 Abs. 4 ApBetrO nicht unmittelbar mit der Offizin und den anderen Apothekenbetriebsräumen verbunden sein müssen, sondern in angemessener Nähe zu liegen haben, werden die Versandräume von der Apothekenbetriebserlaubnis umfasst. Sie müssen genehmigt werden. Plant der Apotheker, den Versand aus Räumen zu betreiben, die bisher noch nicht von der Apotheke genutzt wurden und nicht von der Apothekenbetriebserlaubnis umfasst sind, ist bei der zuständigen Behörde Antrag auf Erweiterung der Apothekenbetriebserlaubnis auf diese Räume zu stellen.

Wann von einer angemessenen Entfernung zwischen den Versandräumen und den übrigen Apothekenbetriebsräumen gesprochen werden kann, hängt vom Einzelfall ab. Räumlichkeiten auf einem angrenzenden Grundstück oder in der unmittelbaren Nachbarschaft fordert der Verordnungswortlaut nicht. Andererseits wird man von einer angemessenen Nähe nicht mehr sprechen können, wenn die Gebietsgrenzen, die der Gesetzgeber für Filialapotheken oder die Heimversorgung vorgesehen hat, überschritten werden, wenn also die Versandräumlichkeiten nicht mehr innerhalb desselben Kreises oder derselben kreisfreien Stadt oder in einem benachbarten Kreis oder einer benachbarten kreisfreien Stadt liegen.

m) Fernabsatzverträge

aa) Informationspflichten

Verträge über Arzneimittel, die versandt werden sollen, werden üblicherweise unter Zuhilfenahme von Fernkommunikationsmitteln wie Post, Telefon, Telefax, Internet oder E-Mail geschlossen[252]. Es handelt sich dann um Fernabsatzverträge gemäß § 312b Abs. 1 BGB. Hat der Apotheker eine Versandhandelserlaubnis, kann von einer Gelegenheitsbestellung, die kein Fernabsatzvertrag wäre, nicht gesprochen werden. Gemäß § 312c BGB hat der Apotheker im Rahmen des Fernabsatzvertrages verschiedene vorvertragliche Informationspflichten zu erfüllen. Diese ergeben sich aus § 1 der BGB-Informationspflichtverordnung[253]. Sie müssen vor Vertragsschluss erteilt werden. Ihre Aufnahme in Kataloge, Prospekte oder auf die Internetseite bietet sich an. Probleme kann die Erfüllung der Informationspflichten bei einem telefonischen Kontakt bereiten.

---

252 Siehe auch allgemein *Voit*, Apotheke & Recht 2004, 53 ff.
253 In der Fassung der Bekanntmachung vom 05.08.2002, BGBl I, S. 3002, zuletzt geändert mit Gesetz vom 02.12.2004, BGBl I 3102.

Nach § 312c Abs. 2 BGB sind nachvertragliche Informationspflichten vom Apotheker an den Verbraucher in Textform spätestens bei Lieferung der Ware mitzuteilen. Bei einem Vertragsschluss im elektronischen Geschäftsverkehr fordert § 312e BGB außerdem, dass dem Kunden angemessene, wirksame und zugängliche technische Mittel zur Verfügung gestellt werden, mit deren Hilfe er Eingabefehler vor Abgabe seiner Bestellung erkennen und berichtigen kann. Grundsätzlich hat der Verbraucher bei Abschluss eines Fernabsatzvertrags ein Widerrufs- und Rückgaberecht nach § 312d Abs. 1 i.V.m. § 355 BGB. Der Verbraucher ist darüber, dass er den Vertrag durch textliche Mitteilung oder durch Rücksendung der Sache innerhalb von zwei Wochen gegenüber dem Unternehmer widerrufen kann, zu belehren; andernfalls beginnt die 2-Wochen-Frist nicht zu laufen.

bb) Kein Widerrufsrecht bei Arzneimitteln

Ein solches Widerrufsrecht besteht bei Arzneimitteln jedoch nicht. Nach § 312d Abs. 4 BGB kann ein Widerrufsrecht dann ausgeschlossen werden, wenn es sich um einen Fernabsatzvertrag zur Lieferung von Waren handelt, die nach Kundenspezifikation angefertigt oder eindeutig auf die persönlichen Bedürfnisse zugeschnitten sind oder die aufgrund ihrer Beschaffenheit nicht für eine Rücksendung geeignet sind oder schnell verderben können oder deren Verfalldatum überschritten würde.

Eindeutig besteht damit für Rezepturarzneimittel, die ausschließlich für den bestellenden Patienten hergestellt werden, kein Widerrufsrecht. Es handelt sich um ein Produkt, das speziell für den Kunden angefertigt ist. Zudem sind Rezepturarzneimittel regelmäßig nur begrenzt haltbar.

Aber auch bei Fertigarzneimitteln besteht kein Widerrufsrecht[254]. Arzneimittel sind, damit sie ihre Wirksamkeit behalten, besonders zu lagern. Bei unsachgemäßer Lagerung kann die Wirksamkeit beeinträchtigt werden oder verloren gehen. Der Apotheker darf deshalb auch Arzneimittel, die ihm Patienten in die Apotheke zurückbringen, selbst wenn die Packungen vollständig und unbeschädigt sind, nicht wieder abgeben[255]. Der Apotheker unterliegt einem Kontrahierungszwang. Er könnte einem Kunden, der als Dauerretournierer bekannt ist, einen

---

254 Siehe bisher schon zu freiverkäuflichen Arzneimitteln, *Heinrichs*, in: *Palandt*, BGB, 64. Aufl. 2005, § 312d Rdnr. 9; zutreffend *Cyran/Rotta*, a.a.O., Rdnr. 412 ff.

255 Siehe auch § 7b Abs. 1 der Betriebsordnung für Arzneimittelgroßhandelsbetriebe: Wenn der Zurückgebende keine Angaben zur Verkehrsfähigkeit der Arzneimittel machen kann, was, wenn sie den Herrschaftsbereich der Apotheke verlassen haben, regelmäßig der Fall ist, sind sie als „nicht verkehrsfähig" kenntlich zu machen.

Vertragsschluss nicht verweigern. Dies und der Wegfall der Verkehrsfähigkeit bei Rückgabe bzw. Widerruf rechtfertigt den Ausschluss des Widerrufsrechts[256].

Der Apotheker hat den Kunden gemäß § 1 Abs. 1 Ziff. 10 BGB-InfoVO über das Nichtbestehen des Widerrufsrechts bei Arzneimitteln zu belehren. Selbstverständlich hat ein Kunde aber ein Widerrufsrecht, wenn er neben Arzneimitteln auch andere Produkte im Webshop des Apothekers bestellt. Über das in diesem Fall bestehende Widerrufsrecht ist der Kunde vom Apotheker ebenfalls zu belehren.

n) Werbung für den Versand

Durch das GKV-Modernisierungsgesetz hat der Gesetzgeber klargestellt, dass für den Versand geworben werden darf. § 8 Heilmittelwerbegesetz wurde modifiziert, nachdem das Werbeverbot für den Versand von Impfstoffen an Ärzte vom Bundesverfassungsgericht schon zuvor[257] für verfassungswidrig erklärt worden ist. § 8 HWG verbietet nur noch die Werbung für den Bezug von Arzneimitteln im Wege des Teleshoppings oder bestimmte nicht zugelassene Arzneimittel nach § 73 AMG im Wege der Einzeleinfuhr zu beziehen.

Nach zutreffender Auffassung stellt es keinen Verstoß gegen das Heilmittelwerbegesetz dar, wenn im Rahmen eines Internetangebots eines Arzneimittelversandhändlers die Gebrauchsinformationen auch für verschreibungspflichtige Arzneimittel, für die eigentlich ein Publikumswerbeverbot nach § 10 HWG besteht, für interessierte Verbraucher zum Download oder Abruf bereitgehalten werden. Das Internet ist dabei eher mit der Roten Liste, die jeder Verbraucher, der sich für Arzneimittel interessiert, erwerben kann, als mit einer offensiven Werbeanzeige vergleichbar. Es handelt sich um ein passives Werbemedium, in dem der Verbraucher gezielt nach Informationen suchen kann und muss, so dass das Bereithalten von Gebrauchsinformationen nicht mit dem Heilmittelwerbegesetz kollidiert[258].

Kollisionen mit dem Heilmittelwerbegesetz können aber dann vorliegen, wenn Suchfunktionen nach Anwendungsgebieten bereitgehalten werden, wenn also der Verbraucher alleine bei Angabe einer Indikation oder eines Anwendungsgebietes verschiedene auch verschreibungspflichtige Arzneimittel als Ergebnis erhält. In diesem Fall besteht die Gefahr, dass der Kunde beim Arzt auf die Verschreibung eines oder mehrerer bestimmter Arzneimittel hinwirkt, was durch das Heilmittelwerbegesetz gerade verhindert werden soll.

---

256 Siehe zur Möglichkeit eines normalen Versandunternehmens, Kunden die von ihrem Widerrufsrecht extensiv Gebrauch machen, von zukünftigen Geschäftsbeziehungen auszuschließen auch OLG Hamburg, Urteil vom 25.11.2004, Az. 5 U 22/04.

257 BVerfGE 107, 186, 205.

258 Vgl. auch OLG München, Urteil vom 06.05.2004, Az. 6 U 5565/03, Pharma Recht 2004, 308; *Stoll*, Pharma Recht 2004, 100 ff.; siehe auch *Jaeger*, MedR 2003, 263 ff.

o) Ausländische Versender

aa) Grundsätzliche Anforderungen

Arzneimittel versenden dürfen nicht nur Apotheken, die eine deutsche Apothekenbetriebserlaubnis haben, sondern auch Apotheken, die in einem Mitgliedsstaat der Europäischen Union oder einem anderen Vertragsstaates des Abkommens über den europäischen Wirtschaftsraum ansässig sind. Voraussetzung ist, dass das Arzneimittel zur Anwendung am oder im menschlichen Körper bestimmt und die Apotheke zum Versandhandel nach nationalem Recht oder nach dem deutschen Apothekengesetz befugt ist, und dass das nationale Recht dem deutschen Apothekenrecht im Hinblick auf die Vorschriften zum Versandhandel entspricht. Die letztgenannte Voraussetzung, dass die Regelungen des ausländischen Apothekenrechts dem deutschen Niveau entsprechen müssen, war Ansatzpunkt für eine ergangene Verbotsentscheidung gegen eine ausländische Apotheke bzw. den Inhaber[259]. Nach Auffassung des KG Berlin fehlte es in diesem Fall, bei dem eine niederländische Apotheke in Deutschland zugelassene Arzneimittel nach Deutschland versendet hat, im niederländischen Recht an deutschen apothekenrechtlichen Versandstandards wie der Angliederung an eine Präsenzapotheke, der Einführung eines Qualitätssicherungssystems, der Gewährleistung eines kurzen Versendungszeitraums, der Veranlassung einer kostenfreien Zweitzustellung, Sendungsverfolgung und Transportversicherung[260].

Außerdem sei eine Übersicht nach § 73 Abs. 1 Satz 3 AMG noch nicht veröffentlicht worden. Nach dieser Vorschrift ist es Aufgabe des Bundesministeriums, in regelmäßigen Abständen eine aktualisierte Sicht über die Staaten, in denen für den Versandhandel mit Arzneimitteln mit dem deutschen Recht vergleichbare Sicherheitsstandards bestehen, zu veröffentlichen[261].

bb) Arzneimittelpreisverordnung und Zuzahlung

In diesem Zusammenhang ist es weiter von Interesse, ob die Arzneimittelpreisverordnung und die Zuzahlungsvorschriften des Sozialgesetzbuchs V für ausländische Versandapotheken gelten oder nicht. Das Oberlandesgericht Hamm[262] hat Zuzahlungsvorschriften und Arzneimittelpreisverordnung als für ausländische Versandapotheken nicht bindend angesehen hat, selbst wenn an in

---

259 KG Berlin, Urteil vom 09.11.2004, Az. 5 U 300/01, WRP 2005, 514 ff.; *Dettling*, DAZ 2005, 501 ff.; *Rotta*, DAZ 2005, 277; *Meyer*, DAZ 2005, 826 ff.
260 Siehe KG, Urteil vom 09.11.2004, Az. 5 U 300/01, S. 12 ff. des Entscheidungsumdrucks.
261 Am 21.06.2005 hat das BMGS durch Veröffentlichung im Bundesanzeiger mitgeteilt, dass der Versandhandel aus den Niederlanden und Großbritannien den deutschen Standards entspreche. Zur fragwürdigen Rechtsnatur der Länderliste: *Saalfrank*, Arzneimittel & Recht 2005, 13 mwN.
262 Urteil vom 21.09.2004, Az. 4 U 74/04 – nicht rechtskräftig.

Deutschland krankenversicherte Patienten nach Deutschland, in Deutschland zugelassene Arzneimittel versenden werden[263].

Eine Vielzahl ausländischer Versandapotheken profitiert derzeit gerade bei Rahmenvereinbarungen mit Krankenkassen und deren Empfehlungen an ihre Versicherten, Arzneimittel bei ausländischen Versandapotheken zu beziehen, davon, dass die ausländischen Versandapotheken angeblich nicht an die Arzneimittelpreisverordnung und die Zuzahlungsregelungen, die das SGB V normiert, gebunden seien. Eine rechtliche Grundlage für diese Privilegierung ausländischer Versandapotheken gibt es jedoch nicht[264]. Zu den apothekenrechtlichen Mindeststandards, die die aus dem Ausland versendende Apotheke nach § 73 AMG einhalten muss, gehört auch die Arzneimittelpreisverordnung.

4. Botenzustellung von Arzneimitteln

a) Abgrenzung zum Versandhandel

Nach § 17 Abs. 2 ApBetrO ist die Zustellung durch Boten der Apotheke im Einzelfall ohne Versandhandelserlaubnis zulässig. Die Abgrenzung eines zulässigen Botendienst von einem mangels Versandhandelserlaubnis unzulässigen Versandhandel bereitet im Einzelfall Schwierigkeiten. Nach richtiger Auffassung ist ein Botendienst unabhängig von dem Umfang immer dann gegeben, wenn sich der Apotheker zum Transport des Arzneimittels nicht eines großen, anonymen Transportdienstleisters wie DHL oder UPS bedient, sondern die Person, die das Arzneimittel dem Patienten überbringt, selbst auswählt und ihr Anweisungen, sei es im Rahmen eines Auftrags oder eines Arbeitsverhältnisses, erteilt. Dabei ist es nicht notwendig, dass der Bote zum pharmazeutischen Personal gehört[265].

Allerdings ist in dem schon erwähnten Arzneimittelversandhandelsverordnung–Entwurf eine Präzisierung von § 17 Abs. 2 ApBetrO dahin vorgesehen, dass der Botendienst nicht grundsätzlich als Leistung der Apotheke angeboten werden, sondern nur im Einzelfall erfolgen darf. Außerdem muss der Bote unmittelbar der Weisung des Apothekenleiters unterstellt sein. Mit dieser Einschränkung würde die Liberalisierung, die der Gesetzgeber durch die Neufassung des § 17 Abs. 2 ApBetrO bezweckt hat, nämlich durch die Streichung des begründeten Einzelfalls, bei dem die Botenzustellung früher nur zulässig war,

---

263 Kritisch hierzu zu Recht *Cyran/Rotta*, a.a.O., § 17 Rdnr. 432 ff.; *Dettling*, Pharma Recht 2003, 401 ff.; *Mand*, GRUR Int. 2005, 637 ff.

264 Das Herkunftslandprinzip (Art. 3 Abs. 1, Abs. 2 der E-Commerce-Richtlinie 2000/31/EG) findet auf das Gesundheitswesen, da dieses nicht harmonisiert ist (Art. 152 Abs. 5 EG) keine Anwendung. Zudem enthält § 11a Satz 2 ApoG spezielle Regelungen für den elektronischen Handel mit apothekenpflichtigen Arzneimitteln.

265 BT-Drucks. 15/1525, S. 163; *Cyran/Rotta*, a.a.O., § 17 Rdnr. 325 f.; *Jung/Tisch*, PZ 2004, 15, 18.

und die Einführung des allgemeinen Einzelfalls, praktisch unterlaufen. Dabei bliebe auch unberücksichtigt, dass die Arzneimittelsicherheit regelmäßig wesentlich höher ist, wenn der Bote der unmittelbaren Kontrolle des Apothekenleiters unterliegt[266]. Das Merkmal des Einzelfalls soll nach richtiger Auffassung lediglich verdeutlichen, dass die Abgabe außerhalb der Apothekenbetriebsräume die Ausnahme bleiben muss[267].

b) Durchführung des Botendienstes
Nach § 17 Abs. 2 Satz 1 2. Hs. ApBetrO sind die Arzneimittel im Rahmen der Botenzustellung für jeden Empfänger getrennt zu verpacken und jeweils mit dessen Name und Anschrift zu versehen. Außerdem muss das Arzneimittel so verpackt, transportiert und ausgeliefert werden, dass seine Qualität und Wirksamkeit erhalten bleibt. Die Anweisungen des Auftraggebers sind zu beachten. Eine Zustellung per Boten darf nicht erfolgen, wenn zur sicheren Anwendung des Arzneimittels ein Informations- oder Beratungsbedarf besteht, der auf einem anderen Weg als einer persönlichen Information oder Beratung durch einen Apotheker nicht erfolgen kann.

Wichtig ist, dass die Vorschriften des § 43 Abs. 5 AMG bei der Zustellung von Arzneimitteln durch Boten unberührt bleiben. Die Arzneimittel dürfen, von den in § 43 Abs. 5 AMG bestimmten Ausnahmen abgesehen, damit auch nicht durch Boten zugestellt werden. Ein Apotheker, der von der Möglichkeit der Botenzustellung Gebrauch machen möchte, hat, wie sich aus § 17 Abs. 2 Satz 2 2. HS. ApBetrO ergibt, eine Vielzahl der Vorschriften, die für den Versand gelten, einzuhalten. Es empfiehlt sich, für die Botenzustellung ebenfalls ein umfassendes Qualitätsmanagement einzuführen und die Zuverlässigkeit der Boten zu dokumentieren.

Der Vorteil vieler Botendienste ist der unmittelbare Kontakt der Apotheker mit dem Kunden und die Schnelligkeit, mit der Bestellungen ausgeführt werden können. Ein Botendienst wird regelmäßig nur für einen begrenzten örtlichen Umkreis, beispielsweise 10 oder 20 Kilometer angeboten. In vielen Fällen wird eine Lieferung durch Boten noch am gleichen Tag garantiert, wenn die Bestellung bis 17.00 Uhr eingeht. Im Rahmen einer solchen Botenzustellung können deshalb auch Arzneimittel für akute Krankheiten geliefert werden, was einem Versandhändler, gerade wenn er seinen Sitz in einer weiter entfernten Region oder im Ausland hat, nicht möglich ist.

---

266 Siehe auch *Kieser*, Apotheke & Recht 2004, 90, 96.
267 Zutreffend *Cyran/Rotta*, a.a.O., § 17 Rdnr. 329.

c) Werbung für einen Botendienst

Von Behörden und Kammern wird das Angebot und die Bewerbung eines Botendienstes teilweise kritisch gesehen, wenn der Apotheker keine Versandhandelserlaubnis nach § 11a ApoG hat. Auch wenn diese Beanstandungen in vielen Fällen zu Unrecht erfolgen, lassen sie sich vermeiden, wenn der Apotheker eine Versandhandelserlaubnis hat, sich jedoch auf einer Botenzustellung im näheren Umkreis konzentriert. Zwar unterliegt der Apotheker beim Versand einem Kontrahierungszwang, er kann allerdings durch entsprechende Gestaltung seiner Versandbedingungen, insbesondere der Versand- und Verpackungskosten steuernd eingreifen.

Wenn der Apotheker keine Versandhandelserlaubnis hat, muss es ihm gleichwohl möglich sein, für seinen Botendienst zu werben, ohne dass dies als irreführende Werbung angesehen wird. Es handelt sich, da eine Verpflichtung zum Angebot eines Botendienstes nicht besteht, nicht um eine Werbung mit Selbstverständlichkeiten, so dass der Apotheker hierauf hinweisen kann[268]. Im übrigen liefe es der Entscheidung des Gesetzgebers, den Botendienst neben dem Versandhandel zuzulassen, entgegen, wenn man für die Bewerbung des Botendienstes eine Versandhandelserlaubnis fordern wollte[269].

5. Rezeptsammlung

Die Zulassung des Versandhandels und die Erweiterung der Zustellung von Arzneimitteln im Wege des Botendienstes machen es notwendig, das in § 24 ApBetrO enthaltene Rezeptsammelverbot neu zu beurteilen.

a) Verbot mit Erlaubnisvorbehalt

Nach § 24 ApBetrO dürfen Einrichtungen zum Sammeln von Verschreibungen (Rezeptsammelstellen) nur mit Erlaubnis der zuständigen Behörde unterhalten werden. Es handelt sich um ein Verbot mit Erlaubnisvorbehalt[270]. Gemäß § 24 Abs. 1 Satz 2 ApBetrO ist die Rezeptsammelerlaubnis dem Inhaber einer Apotheke auf Antrag zu erteilen, wenn zur ordnungsgemäßen Arzneimittelversorgung von abgelegenen Orten oder Ortsteilen ohne Apotheken eine Rezeptsammlung erforderlich ist. Nach § 24 Abs. 1 Satz 3 ApBetrO ist nur eine auf maximal drei Jahre befristete Erteilung zulässig. § 24 Abs. 2 ApBetrO verbietet die Einrichtung von Rezeptsammelstellen in Gewerbebetrieben oder bei Angehörigen der Heilberufe. In § 24 Abs. 3 und Abs. 4 ApBetrO sind Anforderungen an den Be-

---

268 Siehe auch *Kieser*, ABC der Apothekenwerbung, Zustelldienst; *Bornkamm*, in: *Baumbach/Hefermehl*, 23. Aufl. 2004, § 5 Rdnr. 2.114; *Cyran/Rotta*, a.a.O., § 17 Rdnr. 341.
269 Vgl. BT-Drucks. 15/1525, S. 163.
270 *Cyran/Rotta*, a.a.O., § 24 Rdnr. 5; *Pfeil/Pieck/Blume*, a.a.O., § 24 Rdnr. 2; *Kieser*, Apotheke & Recht 2004, S. 90.

trieb und die Abwicklung von Rezeptsammelstellen geregelt. Ein Verstoß gegen das Rezeptsammelstellenverbot ist eine Ordnungswidrigkeit nach § 34 Ziff. 2j ApBetrO.

b) Weites Feld der Rezeptsammlung

Rechtsprechung und Literatur haben das Rezeptsammelverbot in der Vergangenheit sehr weit ausgelegt. Eine unzulässige Rezeptsammlung wurde schon dann angenommen, wenn ein Apotheker Dritte veranlasst hat, für ihn Rezepte zu sammeln oder Rezepte, die von einem Dritten gesammelt wurden, von einem Apotheker lediglich entgegengenommen worden sind[271].

Dabei hatten sich Rechtsprechung und Literatur auch mehrfach mit der verfassungsrechtlichen Rechtmäßigkeit des § 24 ApBetrO befasst[272]. Auszugehen sei nach der Rechtsprechung des Bundesverwaltungsgerichts von den Leitvorstellungen des Gesetzgebers, wonach der Apotheker zur persönlichen Leitung der Apotheke in eigener Verantwortung verpflichtet sei, Arzneimittel an den Verbraucher grundsätzlich nur in den Betriebsräumen der Apotheke abgegeben werden dürfen und der Apotheker nur eine Apotheke betreiben darf. Diese Grundsätze würden bei Unterhaltung einer Rezeptsammelstelle durchbrochen. Die Regelung, Rezeptsammelstellen nur im Ausnahmefall zuzulassen, verstoße nicht gegen Art. 12 Abs. 1 GG, da sachgerechte, vernünftige Erwägungen des Gemeinwohls die Regelungen als zweckmäßig erscheinen ließen. Die gesundheitspolitische Grundanschauung sei, dass die Arzneimittelsicherheit bei der persönlichen Abgabe des Arzneimittels an den Verbraucher in den Apothekenbetriebsräumen gewährleistet werde. Die Errichtung einer Rezeptsammelstelle unterbinde den unmittelbaren Kontakt des Kunden zum Apotheker, der zur Gewährleistung der Sicherheit und einwandfreien Betreuung notwendig sei. Die Unterhaltung von Rezeptsammelstellen berge außerdem die Gefahr der Verwechslung von Rezepten und Arzneimitteln sowie eine Verletzung des Arzt- oder Apothekergeheimnisses in sich[273].

c) Neubewertung des Rezeptsammelverbots

Seit dem 01.01.2004, nach Zulassung des Versandhandels, des begrenzten Mehrbetriebs und Erweiterung der Botenzustellung fällt es schwer, dieses Verbot verfassungsrechtlich zu rechtfertigen. Die frühere Fixierung des Apothekers auf die Apothekenbetriebsräume, die Grundlage der Entscheidung des Bundesver-

---

271 Vgl. BGH NJW 1982, 1330 f. – Rezeptsammlung für Apotheker; OLG Frankfurt, PZ 1978, 1522 f.; OLG Koblenz, PZ 1981, 1463 f.; *Cyran/Rotta*, a.a.O., § 24 Rdnr. 8 ff.; *Kieser*, Apotheke & Recht 2004, 90, 91 m.w.N.

272 BVerwGE 45, 331 ff.; 56, 186 ff.; Hessischer Verwaltungsgerichtshof, PZ 1977, 1505; *Pieck*, PZ 1973, 1599; Schmelz NJW 1984 633 ff.

273 Vgl. BVerwGE 45, 331, 334, 335; OVG Lüneburg, PZ 1979, 24, 26.

waltungsgerichts war, ist inzwischen stark aufgelockert. Das Bundesverfassungsgericht hat schon 1996[274] klargestellt, dass auch Apotheker Werbung für den Apothekenbetrieb außerhalb der Apothekenbetriebsräume schalten können. Der Bundesgerichtshof hat 1999[275] Verkaufsschütten, die ein Apotheker außerhalb der genehmigten Apothekenbetriebsräume aufgestellt hat, nicht beanstandet. Das Bundesverfassungsgericht hat schließlich das in § 43 Abs. 1 AMG a.F. enthaltene Versandverbot für verfassungswidrig erklärt, soweit es auch die Versendung von Impfstoffen an Ärzte umfasste[276]. Außerdem hat der Europäische Gerichtshof[277] eine Regelung, die den Versand nicht verschreibungspflichtiger Arzneimittel verbietet, als gemeinschaftswidrig angesehen. Die Rechtsprechung billigt mittlerweile auch Außenschalter an Apotheken[278]. Der Gesetzgeber hat schon 2002 die Heimversorgung zugelassen, die eine Rezeptsammlung in Heimen, eine Lieferung von verschriebenen Arzneimitteln an die jeweiligen Heimbewohner im Heim und die dortige Abgabe beinhaltet[279].

Der Gesetzgeber hat durch diese Änderungen des Apotheken- und Arzneimittelgesetzes zum Ausdruck gebracht, dass weder die Arzneimittelsicherheit noch die Versorgung der Bevölkerung mit Arzneimitteln gefährdet ist, wenn – unter Einhaltung bestimmter gesetzlicher Regeln – Arzneimittel auch außerhalb der Apothekenbetriebsräume an Kunden abgegeben werden. Ein Kunde kann in vielen Fällen sachgerecht außerhalb der Apothekenbetriebsräume, sei es telefonisch, schriftlich oder per E-Mail, beraten und über Risiken aufgeklärt werden[280]. Der persönliche Kontakt zwischen Apotheker und Kunde in den Apothekenbetriebsräumen ist mithin nach der Auffassung des Gesetzgebers zur Wahrung der Arzneimittelsicherheit und des Verbraucherschutzes in vielen Fällen nicht mehr notwendig, obwohl immer dann, wenn ein Rezept von einem Kunden nicht persönlich ausgehändigt und vom Apotheker sofort bedient wird, die Gefahr besteht, dass Rezepte oder Verschreibungen verwechselt werden. Solche Verwechslungsgefahren oder auch die Verletzungsrisiken des Arzt- oder Apothekergeheimnisses entstehen damit auch bei einem „normalen Versand" oder bei der Heimbelieferung. Identische Gefährdungen dürfen nach der Rechtsprechung jedoch nicht unterschiedlich behandelt werden[281].

Nach richtiger Auffassung führt dies dazu, dass jedenfalls Apotheker, die eine Versandhandelserlaubnis haben und einen Botendienst anbieten, dann keine un-

274 BVerfGE 94, 372 ff.
275 BGH WRP 1999, 920 ff.
276 Vgl. BVerfGE 107, 186 ff.
277 NJW 2004, 131 ff. – DocMorris.
278 BVerwG, DÖV 2005, 826 f.
279 Vgl. hierzu S. 92.
280 Vgl. BT-Drucks. 15/1525, S. 163.
281 Vgl. etwa BVerfG, Apotheke & Recht 2003, 43, 47 – Impfstoffversand an Ärzte.

zulässige Rezeptsammlung betreiben, wenn die Boten bei den Kunden die Rezepte im Vorfeld abholen oder wenn es den Kunden ermöglicht wird, die Rezepte zu den Boten zu bringen, diese ihrerseits mit in die Apotheke nehmen[282].

Das VG Weimar[283] hat hierzu ausgeführt:

„Ebenso zulässig ist, wenn – wie hier – der Antragsteller für seinen Arzneiversandhandel vor Ort wirbt und mit der Werbung Boten beauftragt, die Umschläge verteilen und bitten, diese direkt an die Apotheke zu senden oder verschlossen bei ihnen abzugeben. Die vom Antragsteller vorgenommene Werbung für seinen Botendienst bzw. seinen Versandhandel ist zulässig. Gleichfalls ist darauf hinzuweisen, dass aufgrund des vom Antragsteller gewählten Versandhandels die Arzneimittelsicherheit nicht über das erlaubte Maß gemindert wird. Der Gesetzgeber lässt einen Botendienst, der nicht mit Apothekenpersonal besetzt sein muss, grundsätzlich zu. Umgekehrt jedoch ist nunmehr nicht mehr möglich, dass Apotheker das jetzt geltende Erfordernis einer Versandhandelserlaubnis für Arzneimittel dadurch umgehen, dass sie Arzneimittel Paketdiensten übergeben, die angeblich im Auftrag oder auf Kosten des Empfängers der Arzneimittel tätig werden. Hier liegt der Verdacht nahe, dass Apotheker und Empfänger ein Umgehungsgeschäft vereinbaren wollen, um das Erfordernis einer Versandhandelserlaubnis nach § 43 Abs. 1 Satz 1 AMG zu unterlaufen. Das bisherige System der Sammlung von Rezepten über Rezeptsammelstellen dürfte mit der Erlaubnis des Versandhandels überholt sein und ist nur noch für die Apotheken im Rahmen eines verkappten Versandhandels notwendig, die nicht über eine Versandhandelserlaubnis verfügen.“

Diesen Ausführungen des VG Weimar ist uneingeschränkt zuzustimmen. Aktivitäten des Apothekers, in die auch Dritte eingespannt werden, und die dazu führen, dass Rezepte mit der Bitte um Versendung oder Belieferung im Botendienst in die Apotheke gelangen, sind damit nicht mehr zu beanstanden.

d) Traditionelle Rezeptsammelstelle

aa) Apothekenbezogene Erlaubnis
Für eine traditionelle Rezeptsammelstelle, bei der ein Apotheker außerhalb eines Versand- und Botendienstes an dritten Orten Vorrichtungen zur Aufnahme von Verschreibungen[284] aufhängt, bedarf es der Erlaubnis der zuständigen Behörde.

---

282 *Kieser*, Apotheke & Recht 2004, 90 ff.; VG Weimar, Beschluss vom 21.12.2004, Az. 8 E 6142/04 we.; Eilverfahren, Hauptsacheverfahren noch anhängig.

283 VG Weimar, Beschluss vom 21.12.2004, Az. 8 E 6142/04 we., Entscheidungsumdruck S. 10 f.

284 Zur Nichtanwendbarkeit des § 24 ApBetrO bei Rezepten über nicht verordnungspflichtige Medizinprodukte zutreffend OLG Naumburg, GRUR-RR 2003, 114 f.; aufgehoben aus anderen Gründen durch BGH GRUR 2005, 875 f. – Diabetikerteststreifen.

Die Erlaubnis ist apothekenbezogen. Für Haupt- und Filialapotheken sind Rezeptsammelstellen separat zu beantragen und zu erteilen. Hat eine Hauptapotheke
Anspruch auf Erteilung einer Genehmigung einer Rezeptsammelstelle, muss dies
nicht für die Filialapotheke gelten. Zuständige Behörde ist in den meisten Ländern die Landesapothekerkammer[285]. Nach der wohl überwiegenden Auffassung
ist es ungeschriebenes Tatbestandsmerkmal des § 24 ApBetrO, dass der Bewerber
zuverlässig sein muss[286]. Allerdings kann eine fehlende Zuverlässigkeit, die eine
Prognoseentscheidung für die Zukunft in sich birgt, nicht angenommen werden,
wenn ein Apotheker angeblich Rezepte ohne Erlaubnis gesammelt hat. Denn es
wird durch Erteilung einer Rezeptsammelerlaubnis gerade positiv ausgeschlossen, dass sich ein solcher Sachverhalt wiederholt.

bb) Voraussetzungen
Voraussetzung für die Erteilung einer Rezeptsammelstellengenehmigung ist, dass
der Ort oder Ortsteil abgelegen ist. Dies wird bejaht, wenn die Entfernung zur
nächsten Apotheke sechs Kilometer oder mehr beträgt[287].

Zu rechtlichen Auseinandersetzungen kommt es meist, wenn mehrere Apotheker in einem Ort die Erteilung einer Rezeptsammelstellengenehmigung beantragen. Die Behörde hat dann eine Auswahlentscheidung anhand sachgerechter
Auswahlkriterien zu treffen. Regelmäßig wird dabei auf die Entfernung der Antragsteller zum Ort der Rezeptsammelstelle abgestellt, wobei Entfernungsunter-
schiede bis zu zwei Kilometern als unerheblich angesehen werden[288]. Sind mehrere Anträge gleichwertig, genehmigt die Behörde die Rezeptsammelstellen in
einem kürzeren Turnus[289]. Geht ein Apotheker bei der Genehmigung leer aus,
kann er die Auswahlentscheidung vor dem Verwaltungsgericht überprüfen lassen. Wie bei jeder Konkurrentenklage hat er dabei sowohl eine Anfechtungsklage
gegen die den Konkurrenten genehmigten Rezeptsammelstellen als auch eine
Verpflichtungsklage auf Erteilung einer Genehmigung für ihn oder jedenfalls auf
eine Bescheidung unter Rechtsauffassung des Gerichts zu erheben.

Nach § 24 Abs. 2 ApBetrO dürfen Rezeptsammelstellen nicht in Gewerbebetrieben und bei Angehörigen der Heilberufe betrieben werden. Ob diese Beschränkung, gerade bei Gewerbebetrieben angesichts der Zulassung des

---

285 Vgl. *Cyran/Rotta*, a.a.O., § 24 Rdnr. 23.
286 Siehe hierzu Bayerischer Verwaltungsgerichtshof, PZ 1984, 1364; *Cyran/Rotta*, a.a.O., § 24
   Rdnr. 29.
287 Siehe hierzu *Cyran/Rotta*, a.a.O., § 24 Rdnr. 35 m.w.N.; *Pfeil/Pieck/Blume*, a.a.O., § 24
   Rdnr. 49 ff.
288 Siehe zur umfangreichen Rechtsprechung, die in den Bundesländern teilweise divergiert, auch
   Cyran/Rotta, a.a.O., § 24 Rdnr. 48 ff. m.w.N.; *Pfeil/Pieck/Blume*, a.a.O., § 24 Rdnr. 55 ff.
289 Siehe hierzu auch VG Würzburg, PZ 1980, 1265; Hessischer Verwaltungsgerichtshof, DAZ
   1975, 87.

Versandhandels verfassungsrechtlich noch haltbar ist, erscheint fraglich. In § 24 Abs. 3 und Abs. 4 ApBetrO werden dem Apotheker, der eine Rezeptsammelstelle betreibt, Vorgaben für Sammelkästen, die Zuverlässigkeit des Personals, Verpackung und Auslieferung der Arzneimittel gemacht.

IV. Krankenhausversorgende Apotheke

Große Mengen von Arzneimitteln werden in Krankenhäusern angewendet. Dem trägt § 14 ApoG mit einer besonderen Regelung der Krankenhausapotheke Rechnung. § 14 ApoG unterscheidet dabei zwischen selbständigen Krankenhausapotheken[290] und einer krankenhausversorgenden öffentlichen Apotheke[291]. § 14 Abs. 8 ApoG definiert, was Krankenhäuser im Sinne des Apothekengesetzes sind. Diese Vorschrift verweist auf § 2 Nr. 1 des Krankenhausfinanzierungsgesetzes.

1. Der Krankenhausversorgungsvertrag

Die Krankenhausversorgung ist im Juni 2005[292] neu geregelt worden[293]. Während im alten § 14 ApoG die Krankenhausversorgung regional beschränkt war, fehlt es jetzt an dem Erfordernis, dass die Apotheke zur Versorgung des Krankenhauses und das Krankenhaus innerhalb des gleichen Kreises oder ineinander benachbarten Kreisen liegen müssen. Der Träger eines Krankenhauses kann gemäß § 14 Abs. 4 ApoG mit dem Inhaber einer Apothekenbetriebserlaubnis nach dem deutschen Apothekengesetz oder mit dem Inhaber einer Apothekenbetriebserlaubnis nach den Gesetzen eines anderen Mitgliedsstaates der Europäischen Union oder eines anderen Vertragsstaats des Abkommens über den europäischen Wirtschaftsraum einen Krankenhausversorgungsvertrag schließen. Der Vertrag bedarf der Schriftform. Erfüllungsort für die vertraglichen Versorgungsleistungen ist der Sitz des Krankenhauses, wobei gemäß § 14 Abs. 4 Satz 3 ApoG deutsches Recht anzuwenden ist. Zuständig für die Überwachung und Aufsicht bleibt damit in jedem Fall die deutsche Behörde.

a) Personal und Räumlichkeiten

Um Wirksamkeit zu erlangen, bedarf der Krankenhausversorgungsvertrag der Genehmigung der zuständigen Behörde. Die Behörde hat die Genehmigung zu erteilen, wenn sichergestellt ist, dass die ordnungsgemäße Arzneimittelversor-

---

290 § 14 Abs. 1, Abs. 2 ApoG.
291 § 14 Abs. 4 ApoG; eine öffentliche Apotheke, die von den normalen Kunden aufgesucht werden kann, versorgt als krankenhausversorgende Apotheke ein Krankenhaus mit.
292 Gesetz vom 15.06.2005, BGBl I 1642.
293 Vgl. auch *Tisch*, PZ 2005, S. 2193 ff.

gung gewährleistet ist, insbesondere die nach der Apothekenbetriebsordnung oder bei Apotheken, die ihren Sitz in einem anderen Mitgliedsstaat der Europäischen Union oder einem anderen Vertragsstaat des Abkommens über den europäischen Wirtschaftsraum haben, nach den in diesem Staat geltenden Vorschriften erforderlichen Räume und Einrichtungen sowie das erforderliche Personal vorhanden sind[294].

Die Größe der Räumlichkeiten für krankenhausversorgende Apotheken in Deutschland ist in § 4 Abs. 2 Satz 6 ApBetrO geregelt, der auf § 29 Abs. 1 und 3 ApBetrO – die Vorgaben für Krankenhausapotheken – Bezug nimmt. Nach § 29 Abs. 1 ApBetrO müssen die für einen ordnungsgemäßen Betrieb der Krankenhausapotheke notwendigen Räume vorhanden sein. Art, Beschaffenheit, Größe und Zahl der Räume sowie die Einrichtungen der Krankenhausapotheke sind an den Maßstäben von § 28 Abs. 1 Satz 2 ApBetrO auszurichten.

Zwar schreibt § 29 Abs. 2 ApBetrO Mindestanforderungen an die Räume der Krankenhausapotheke vor. Diese finden jedoch auf die krankenhausversorgende Apotheke keine Anwendung, da § 4 Abs. 2 Satz 6 ApBetrO nur auf die Abs. 1 und 3, nicht aber auf den Abs. 2 des § 29 ApBetrO verweist.

Für den Raumbedarf, der bei eine krankenhausversorgenden Apotheke benötigt wird, haben die pharmazeutischen Referenten der Bundesländer Grundsätze erarbeitet. Danach darf der sonstige Apothekenbetrieb durch den Abschluss eines Versorgungsvertrages nicht beeinträchtigt werden. Der Raumbedarf bestimmt sich nach der Anzahl der zu versorgenden Betten, der Zahl und Funktion der zu versorgenden Stationen oder anderen Teileinheiten des Krankenhauses. Bei der Versorgung kleinerer Einrichtungen mit bis zu 100 Betten wird in der Regel keine zusätzliche Betriebsfläche benötigt. Ab ca. 100 Betten sollen weitere Lagerräume geschaffen werden. Gemäß § 29 Abs. 3 ApBetrO haben sich Art und Anzahl der Geräte zur Herstellung, Funktion und Bestimmung von Ausgangsstoffen und Arzneimitteln sowie Art und Anzahl der Prüfmittel an Größe, Art und Leistungsstruktur des Krankenhauses auszurichten.

Die Räumlichkeiten, die ausschließlich der Arzneimittelversorgung von Krankenhäusern dienen, müssen nicht mit den anderen Räumlichkeiten der öffentlichen Apotheke verbunden sein, wie sich aus § 4 Abs. 4 Satz 2 ApBetrO ergibt. Es reicht aus, wenn sie sich in angemessener Nähe zu den übrigen Betriebsräumen befinden. Wie bei den Räumlichkeiten, die ausschließlich dem Versand dienen, muss die Apothekenbetriebserlaubnis die Räumlichkeiten, die der Apotheker ausschließlich für die Krankenhausversorgung benutzt, umfassen. Sie müssen der Behörde mitgeteilt werden. Unzulässig ist, wie § 4 Abs. 4 Satz 4 ApBetrO ausdrücklich festhält, Lagerraum innerhalb des zu versorgenden Krankenhauses anzumieten. Hierdurch soll verhindert werden, dass innerhalb des Krankenhauses

---

294 § 14 Abs. 5 Ziff. 1 ApoG.

Arzneimittelabgabestellen eingerichtet werden, die unter Umständen vom Apotheker nicht mehr wirksam kontrolliert werden können[295].

§ 3 Abs. 6 ApBetrO bestimmt für den krankenhausversorgenden Apotheker, dass er zur Versorgung des Krankenhauses mit Ausnahme der Zustellung nur Personal einsetzen darf, das in seinem Betrieb tätig ist. Er darf sich also keines Fremdpersonals – auch nicht punktuell – bedienen.

b) Lieferbedingungen

Für die Genehmigung muss weiter sichergestellt sein, dass die Apotheke dem Krankenhaus die von diesem bestellten Arzneimittel direkt oder im Falle des Versandes im Einklang mit den Anforderungen des § 11a ApoG liefert[296]. Die Rahmenbedingungen, die beim Versand einzuhalten sind, müssen auch bei der Krankenhausversorgung beachtet werden. Dies gilt insbesondere für Sendungsverfolgung, Qualitätsmanagement, Verpackung, Beratung etc.

c) Unverzüglichkeit

Gemäß § 14 Abs. 5 Ziff. 3 ApoG hat die Apotheke, die einen Krankenhausversorgungsvertrag abschließt, die Arzneimittel, die das Krankenhaus zur akuten medizinischen Versorgung besonders dringlich benötigt, unverzüglich und bedarfsgerecht zur Verfügung zu stellen. Was unverzüglich ist, definiert der Gesetzgeber nicht. Auf den Unverzüglichkeitsbegriff des Bürgerlichen Gesetzbuches in § 121 BGB wird man kaum abstellen können. Dies würde dazu führen, dass je nach Sitz des Apothekers unterschiedliche Zeitspannen gelten. Der Apotheker, der seinen Sitz am weitesten von dem zu versorgenden Krankenhaus entfernt hat, könnte sich am längsten mit der Versorgung Zeit lassen. Ausländische Apotheken, die sich um die Krankenhausversorgung bewerben, müssen ein Konzept haben und vorstellen, mit dem sie die unverzügliche Versorgung sicherstellen wollen. Dabei ist es nach hier vertretener Auffassung nicht zulässig, bestimmte Teilleistungen an Apotheken vor Ort auszulagern, die im Auftrag der eigentlichen – ausländischen – krankenhausversorgenden Apotheke tätig werden.

d) Beratung

§ 14 Abs. 5 Ziff. 4 ApoG fordert für die Genehmigung eine persönliche Beratung des Personals des Krankenhauses durch den Leiter der Apotheke oder den von ihm beauftragten Apotheker der versorgenden Apotheke – also nicht durch einen fremden Apotheker. Die Beratung muss bedarfsgerecht und im Notfall unverzüglich erfolgen. Außerdem muss das Personal kontinuierlich im Hinblick auf eine

---

295 Siehe dazu auch *Cyran/Rotta*, a.a.O., § 4 Rdnr. 127.
296 Vgl. § 14 Abs. 5 Ziff. 2 ApoG.

zweckmäßige und wirtschaftliche Arzneimitteltherapie beraten werden (§ 14 Abs. 5 Ziff. 5 ApoG). Das Wirtschaftlichkeitsgebot des § 12 SGB V klingt hier an.

e) Mitglied der Arzneimittelkommission

Der Leiter der krankenhausversorgenden Apotheke oder ein angestellter Apotheker ist zugleich Mitglied der Arzneimittelkommission des Krankenhauses. Deren Hauptaufgabe besteht in der Auswahl der im Krankenhaus einsetzbaren Arzneimittel nach medizinischen, pharmazeutischen und wirtschaftlichen Kriterien[297].

Gewährleistet der Vertragspartner dies, hat die Behörde die Genehmigung zu erteilen. Zweifelhaft ist, ob ein Krankenhausträger auch mit mehreren Apotheken Krankenhausversorgungsverträge schließen kann. Ausdrücklich ist dies weder positiv noch negativ geregelt. Allerdings spricht § 14 Abs. 5 Satz 1 ApoG von der Genehmigung des Arzneimittelversorgungsvertrages „durch diese Apotheke"[298]. Diese Formulierung und Sinn und Zweck der Beratungs- und Versorgungsanforderungen, die der Genehmigung vorausgehen, sprechen dafür, ein Nebeneinander verschiedener Krankenhausversorgungsverträge nicht zuzulassen. Die Krankenhausversorgung soll aus einer pharmazeutischen Hand erfolgen[299].

2. Aufgaben bei Krankenhausversorgung

Der Tätigkeitsumfang von krankenhausversorgenden Apotheken unterscheidet sich nicht von dem der Krankenhausapotheke.

a) Empfänger von Arzneimitteln

§ 14 Abs. 7 ApoG regelt, in welchem Umfang an wen die Apotheke als krankenhausversorgende Apotheke Arzneimittel abgeben darf[300].

Die besondere Bedeutung liegt darin, dass für krankenhausversorgende öffentliche Apotheken die Arzneimittelpreisverordnung bei der Versorgung von Krankenhäusern nach § 1 Abs. 3 Nr. 2 AMPreisVO keine Anwendung findet. Um die wirtschaftliche Existenzfähigkeit öffentlicher Apotheken zu sichern und eine gleichmäßige und flächendeckende Arzneimittelversorgung zu gewährleisten, ist es deshalb notwendig, das Abgabegebiet der krankenhausversorgenden Apotheke klar zu begrenzen[301].

---

297 Vgl. *Cyran/Rotta*, a.a.O., § 27 Rn 19 f.

298 Hervorhebung vom Verfasser.

299 Siehe hierzu auch *Tisch*, PZ 2005, 2193, 2196.

300 Siehe hierzu auch *Mack*, Apotheke & Recht 2003, 154 ff.

301 Siehe auch BGH Pharma Recht 1990, 50, 51 f.; GRUR 2004, 701 ff. – Klinikpackung II; *Cyran/Rotta*, a.a.O, § 17 Rdnr. 260.

aa) Stationäre Versorgung

Nach § 14 Abs. 7 Satz 2 ApoG dürfen Arzneimittel von der krankenhausversorgenden Apotheke nur an die einzelnen Stationen und andere Teileinheiten zur Versorgung von Personen, die in dem Krankenhaus vollstationär, teilstationär, vor- oder nachstationär[302] sowie an Patienten im Rahmen der ambulanten Behandlung im Krankenhaus, wenn das Krankenhaus hierzu ermächtigt[303] oder vertraglich zur ambulanten Versorgung dieser Patienten[304] berechtigt ist, behandelt, ambulant operiert oder im Rahmen sonstiger stationsersetzender Eingriffe[305] versorgt werden, abgegeben werden. § 14 Abs. 7 Satz 2 ApoG betrifft damit die normale Versorgung stationär aufgenommener Patienten mit Arzneimitteln.

bb) Abgabe an Beschäftigte?

Eine besondere Regelung enthält § 14 Abs. 7 Satz 4 ApoG. Danach darf die krankenhausversorgende Apotheke Arzneimittel an Krankenhausbeschäftigte abgeben. Im Gegensatz zur Krankenhausapotheke muss sich jedoch die krankenhausversorgende öffentliche Apotheke bei der Abgabe von Arzneimitteln an Krankenhausbeschäftigte an die Arzneimittelpreisverordnung halten, so dass, wenn das Krankenhaus nicht durch eine eigene Krankenhausapotheke versorgt wird, den Krankenhausbeschäftigten keine weiteren Sondervorteile zukommen[306].

cc) Ambulanzen

Nach § 14 Abs. 7 Satz 2 ApoG dürfen neben der Abgabe im Rahmen der stationären Behandlung Arzneimittel von der krankenhausversorgenden Apotheke auch an ermächtigte Ambulanzen des Krankenhauses, insbesondere an Polykliniken[307], an psychiatrische Institutsambulanzen[308], an sozialpädiatrische Zentren[309] und an ermächtigte Krankenhausärzte[310] zur unmittelbaren Anwendung abgegeben werden. Diese Regelung betrifft damit Applikationsarzneimittel, die im Rahmen der ambulanten Behandlung am Patienten angewandt werden.

---

302 § 115a SGB V.
303 § 116a SGB V.
304 § 116b und § 40b Abs. 4 Satz 3 SGB V.
305 § 115b SGB V.
306 Vgl. hierzu *Dettling/Kieser*, Apotheke & Recht 2003, 59 ff.; *Cyran/Rotta*, a.a.O., § 17 Rdnr. 269.
307 § 117 SGB V; der Begriff der Polykliniken wird in § 117 SGB V jedoch nicht mehr verwendet.
308 § 118 SGB V.
309 § 119 SGB V.
310 § 116 SGB V.

Die Öffnung der Versorgung der Krankenhaus- und Krankenhausärzte-Ambulanzen für die Krankenhausapotheke bzw. krankenhausversorgende Apotheke ist problematisch[311]. Ambulanzen sind keine Krankenhäuser im Sinne des § 1 Abs. 3 Nr. 2 AMPreisVO. Diese Öffnung würde bedeuten, da nach § 1 Abs. 3 Nr. 1 AMPreisVO Krankenhausapotheken generell nicht der Arzneimittelpreisverordnung unterliegen, krankenhausversorgende Apotheken jedoch mit Ausnahme der Krankenhausbelieferung schon, dass öffentliche Apotheken bei der Belieferung von Ambulanzen einen gravierenden Wettbewerbsnachteil hätten. Sie müssten nämlich die Arzneimittelpreisverordnung einhalten, Krankenhausapotheken aber nicht. Aufzulösen ist dieser Widerspruch dahin, dass § 1 Abs. 3 Nr. 2 AMPreisVO weit auszulegen ist, so dass er auch Ambulanzen umfasst[312].

Öffentliche Apotheken sind auch dann zur Versorgung von Krankenhausambulanzen und Krankenhausärzte-Ambulanzen berechtigt, wenn sie keinen Krankenhausversorgungsvertrag abgeschlossen und keine Genehmigung der zuständigen Behörde erhalten haben. Die Erlaubnis und Genehmigung bezieht sich nur auf die Versorgung von Krankenhäusern mit Arzneimitteln, nicht jedoch auf Ambulanzen. Die Versorgung von Ambulanzen war schon jeher durch öffentliche Apotheken möglich. Durch die Neuerungen, die im Jahr 2004 eingeführt worden sind, sollte sich die Situation der öffentlichen Apotheken nicht verschlechtern. Allerdings ist, wenn eine normale öffentliche Apotheke, die nicht gleichzeitig krankenhausversorgende Apotheke ist, die Krankenhausambulanzen mit Arzneimitteln versorgt, § 1 Abs. 3 Nr. 2 AMPreisVO verfassungskonform dahin auszulegen, dass bei der Versorgung von Krankenhausambulanzen die Arzneimittelpreisverordnung nicht gilt.

Schließlich kann bei der Entlassung von Personen nach stationärer oder ambulanter Behandlung im Krankenhaus nach § 14 Abs. 7 Satz 3 ApoG die zur Überbrückung benötigte Menge an Arzneimitteln aus Beständen der Krankenhausapotheke bzw. krankenhausversorgenden Apotheke mitgegeben werden, sofern im unmittelbaren Anschluss an die Behandlung ein Wochenende oder ein Feiertag folgt. Diese Regelung erscheint wegen der Benachteiligung der dienstbereiten öffentlichen Apotheke an Wochenenden und Feiertagen und einer potentiellen Gefährdung der Arzneimittelsicherheit, da § 17 ApBetrO auf Krankenhausapotheken keine Anwendung findet, problematisch[313].

---

311 Zum Bestreben der Krankenhausapotheken, ambulante Patienten zukünftig noch weiter mit Arzneimitteln versorgen zu können und auch in die Heimversorgung einzusteigen, DAZ 2005, 2118 f.

312 So zutreffend *Cyran/Rotta*, a.a.O., § 17 Rdnr. 278.

313 Zutreffend *Cyran/Rotta*, a.a.O., § 17 Rdnr. 282.

b) Überprüfung und Information

In § 14 Abs. 6 ApoG sind Nebenpflichten des Apothekers bei der Versorgung von Krankenhäusern geregelt. Der Leiter der krankenhausversorgenden Apotheke oder ein von ihm beauftragter Apotheker hat die Arzneimittelvorräte des zu versorgenden Krankenhauses nach Maßgabe der Apothekenbetriebsordnung zu überprüfen und dabei insbesondere auf die einwandfreie Beschaffenheit und ordnungsgemäße Aufbewahrung der Arzneimittel zu achten. Zur Beseitigung festgestellter Mängel hat er eine angemessene Frist zu setzen und ggf. deren Nichteinhaltung der für die Apothekenaufsicht zuständigen Behörde anzuzeigen.

3. Klinikpackung

a) Funktion der Klinikpackung

Viele pharmazeutische Hersteller bieten Krankenhausapotheken und krankenhausversorgenden Apotheken Arzneimittel zu günstigen Preisen an. Bezweckt wird damit unter anderem, dass ein Patient im Krankenhaus auf ein Arzneimittel eines Herstellers eingestellt und dieses auch nach seiner Entlassung weiter verschrieben wird. Um zu verhindern, dass solche Klinikpackungen von öffentlichen Apotheken erworben und außerhalb der Krankenhausversorgung veräußert werden, haben Klinikpackungen in vielen Fällen eigene Pharmazentralnummern, enthalten von den Normalpackungen abweichenden Inhalt oder sind mit „Klinikpackung! Verkauf unzulässig" o.ä. gekennzeichnet.

b) Klinikpackungen außerhalb der Krankenhausversorgung

Mitunter werden krankenhausversorgende Apotheker und Krankenhausapotheker vertraglich verpflichtet, bezogene Klinikwaren nicht weiter zu veräußern bzw. nicht außerhalb der Krankenhausversorgung einzusetzen. Verstößt ein Krankenhausapotheker hiergegen, hat der Hersteller vertragliche Unterlassungs- und gegebenenfalls Auskunfts- und Schadensersatzansprüche. Heftig umstritten ist, ob pharmazeutische Hersteller auch gesetzliche Unterlassungsansprüche über §§ 8, 3, 4 Ziff. 11 UWG i.V.m. § 14 Abs. 7 ApoG gegen öffentliche Apotheken und Großhändler, die Klinikpackungen vertreiben, haben.

Die Rechtsprechung[314] tendiert dazu, § 14 Abs. 7 ApoG Wettbewerbsbezug im Sinne des § 4 Ziff. 11 UWG zuzusprechen, da diese Vorschrift auch das Wettbewerbsverhältnis von Krankenhausapotheken, krankenhausversorgenden Apotheken und sonstigen öffentlichen Apotheken regele. Der Bundesgerichtshof hat es in dieser Entscheidung jedoch nicht als wettbewerbswidrig erachtet, dass eine öffentliche Apotheke eine Justizvollzugsanstalt mit Klinikpackungen versorgt. Zur Begründung hat der Bundesgerichtshof ausgeführt, dass gemäß § 1 Abs. 3

---

314 BGH, GRUR, 2004, 701 ff. – Klinikpackung II.

Nr. 2 AMPreisVO die Arzneimittelpreisverordnung bei der Belieferung von Justizvollzugsanstalten ebenso wie bei der Belieferung von Krankenhäusern nicht gelte, so dass das Preisgefüge der aufgrund von § 78 AMG ergangenen Arzneimittelpreisverordnung nicht beeinträchtigt werde.

Das Bundesverfassungsgericht[315] hat die Abgabe von Klinikpackungen jedenfalls dann gebilligt, wenn es sich um einen Einzelfall handelt und Preisvorteile an den Kunden weitergegeben werden. In dieser Entscheidung hat sich das Bundesverfassungsgericht außerdem mit Ungereimtheiten und Widersprüchen der Arzneimittelpreisverordnung, insbesondere auch mit der Praxis der Naturalrabatte auseinandergesetzt.

Das Oberlandesgericht Hamburg[316] hat es nicht als wettbewerbswidrig angesehen, wenn ein Dritter, der nicht Normadressat des § 14 ApoG ist, Klinikpackungen, die der Hersteller ausschließlich an krankenhausversorgende Apotheken und Krankenhausapotheken abgebe, veräußere. Alleine der Umstand, dass eine Krankenhausapotheke oder eine krankenhausversorgende Apotheke gegen § 14 ApoG und/oder vertragliche Verpflichtungen gegenüber dem Hersteller verstoßen habe, führe nicht dazu, dass die Ware nicht mehr handelbar sei. Richtigerweise obliegt es dem Hersteller, durch ein Kontrollnummernsystem und durch eine selektiv Vertriebsbindung sicherzustellen, dass seine Vertragspartner Klinikpackungen nicht gegen den Willen des pharmazeutischen Unternehmens außerhalb der Versorgung von Krankenhäusern in den Verkehr bringen[317].

V. Heimversorgung

1. Abschluss eines Heimversorgungsvertrages

Nach § 12a ApoG ist der Inhaber einer Apothekenbetriebserlaubnis verpflichtet, zur Versorgung von Bewohnern von Heimen im Sinne des § 1 des Heimgesetzes mit Arzneimitteln und apothekenpflichtigen Medizinprodukten mit dem Träger der Heime einen schriftlichen Vertrag zu schließen[318]. Für die Rechtswirksamkeit bedarf dieser Vertrag der Genehmigung der zuständigen Behörde. § 12a ApoG ist im Jahr 2002 in das Apothekengesetz eingeführt worden[319], um eine

---

315 Beschluss vom 19.12.2002, Apotheke & Recht 2002, 161 ff.

316 OLG Hamburg, Urteil vom 26.09.2002, Apotheke & Recht 2003, 23 ff.

317 Zur Strafrechtlichen Relevanz der Weitergabe von Klinikpackungen durch einen krankenhausversorgenden Apotheker siehe einerseits AG Neunkirchen, Apotheke & Recht 2003, 9 ff.; andererseits OLG Hamm, Beschluss vom 15.06.2004, Az. 3 Ws 169/03.

318 Zum Verbot der Belieferung von Heimbewohnern mit Arzneimitteln ohne genehmigten Versorgungsvertrag auch VG Potsdam, Beschluss vom 17.05.2005, Az. 3 L 1036/04.

319 Gesetz zur Änderung des Apothekengesetz vom 21.08.2002, BGBl I, 3352. § 12a ApoG ist gemäß Art. 12 seit dem 27.08.2003 in Kraft. Die längere Übergangsfrist ist aufgenommen

ordnungsgemäße und sichere Versorgung von Heimbewohnern mit Arzneimitteln zu gewährleisten.

2. Notwendigkeit der gesetzlichen Regelung

Grund für die Einführung des § 12a ApoG war die unglückliche Konstellation von gesetzlichen Regelungen und restriktiver Rechtsprechung, die eine ordnungsgemäße Versorgung von Heimbewohnern mit Arzneimitteln letztlich kaum zuließ[320]. § 11 ApoG untersagte und untersagt[321] Absprachen zwischen dem Inhaber einer Erlaubnis zum Betrieb einer Apotheke und dessen Personal mit Ärzten oder anderen Personen, die sich mit der Behandlung von Krankheiten befassen, die die Zuweisung von Verschreibungen zum Gegenstand hatten[322].

Andere Personen als Ärzte, die sich mit der Behandlung von Krankheiten befassen, sind auch die Heilhilfsberufe, gleichgültig, ob sie selbständig oder unselbständig ausgeübt werden, wie etwa die Tätigkeit von Krankenschwestern und Pflegern[323]. Im Zusammenhang mit Pflegeheimen, die nach § 5 Abs. 1 Heimpersonalverordnung über pflegerische Fachkräfte verfügen müssen, kam daher § 11 ApoG regelmäßig zur Anwendung. Außerdem verbot § 24 ApBetrO das Sammeln von Verschreibungen ohne Erlaubnis der zuständigen Behörde. Diese Vorschrift ist, wie gezeigt, sehr weit ausgelegt worden[324]. Sie untersagte letztlich jedwede Eigeninitiative des Apothekers zur Sammlung von Rezepten außerhalb der Apothekenbetriebsräume. Eine Absprache zwischen einem Heimleiter und einem Apotheker, dass Rezepte, die den Heimbewohnern ausgehändigt wurden, durch den Apotheker auf Anforderung abgeholt werden und die Bewohner die verschriebenen Medikamente geliefert erhalten, war danach eine unzulässige Rezeptsammelstelle.

Diese Restriktionen beseitigt § 12a ApoG, da er klarstellt, dass mit Hilfe eines genehmigten Heimversorgungsvertrages Absprachen darüber getroffen werden können, wie einerseits die Rezepte – unter Wahrung des Apothekenwahlrechts

---

worden, um die Möglichkeit zu haben, Heimversorgungsverträge zu entwerfen und der zuständigen Behörde ohne Zeitdruck zuleiten zu können.

320 Siehe auch *Dettling*, Apotheke & Recht 2004, 70, 73 f.

321 Siehe oben S. 22.

322 Die Berufsordnungen der Apothekerkammern beinhalten entsprechende Zusammenarbeitsverbote, vgl. etwa § 6 BO der Landesapothekerkammer Baden-Württemberg.

323 Vgl. Pelchen in: *Erbs/Kohlhas/Pelchen*, Strafrechtliche Nebengesetze, Stand August 2004, § 11 ApoG Anm. 2.

324 Vgl. BGH NJW 1982, 1330, 1331; vgl. auch *Pfeil/Pieck/Blume*, a.a.O., § 24 Rdnr. 16 ff.; *Cyran/Rotta*, a.a.O., § 24 ApBetrO Rdnr. 13 ff.; *Kieser*, ABC der Apothekenwerbung, Rezeptsammlung; Altenheimbelieferung, aber auch zur Auslegung nach dem 01.01.2004, Apotheke & Recht 2004, 90 ff.

des Bewohners – in die Apotheke und andererseits die verschriebenen Medikamente zu dem Heimbewohner gelangen können.

3. Rechtsnatur und Funktion des Heimversorgungsvertrages

a) Vertragspartner

Parteien eines Heimversorgungsvertrages sind nach § 12a Abs. 1 Satz 1 ApoG der Träger eines Heims und der Inhaber einer Erlaubnis zum Betrieb einer öffentlichen Apotheke. Die Bewohner eines Heims[325] sind nicht Vertragspartner. Gegenstand der Leistung nach einem Heimversorgungsvertrag ist die Versorgung der Heimbewohner mit Arzneimitteln und apothekenpflichtigen Medizinprodukten[326]. Es wird also weder das Heim bzw. der Heimträger versorgt noch ist Gegenstand des Heimversorgungsvertrages die Abgabe der Arzneimittel oder Medizinprodukte selbst. Diese werden vielmehr weiterhin direkt durch die Apotheke an den Heimbewohner als Endverbraucher abgegeben.

b) Vertragspflichten

Der Versorgungsvertrag zwischen einer Apotheke und einem Heimträger steht neben dem Arzneimittelkaufvertrag, den eine Apotheke mit einem Heimbewohner bzw. der Krankenkasse für die einzelnen Arzneimittel bzw. apothekenpflichtigen Medizinprodukte abschließt. Der Heimversorgungsvertrag regelt damit zivilrechtlich nur zusätzliche Hilfstätigkeiten und Serviceleistungen rund um den Arzneimittelkaufvertrag[327].

Durch den Heimversorgungsvertrag werden teilweise die für einen Apotheker gegenüber dem Heimbewohner ohnehin aus dem Arzneimittelkaufvertrag bestehende Nebenpflichten näher definiert und ergänzt, teilweise aber auch Pflichten des Heims, die sich aus dem zwischen dem Heimbewohner und dem Heimträger abgeschlossenen Heimvertrag ergeben, konkretisiert und vertraglich in den Aufgabenbereich der Apotheke verlagert. Der Aufgabenbereich von Heim und Apotheke muss jedoch klar getrennt sein. Insbesondere darf das Heim weder heilkundliche Leistungen erbringen[328] noch apothekenpflichtige Arzneimittel an seine Bewohner abgeben. § 43 Abs. 1 AMG bestimmt hierzu ausdrücklich, dass apothekenpflichtige Arzneimittel berufs- oder gewerbsmäßig für den Endverbrauch nur durch Apotheken (also nicht durch das Heim) in Verkehr gebracht

---

325 Hierunter sind Altenheime, Altenwohnheime, Behindertenheime, Pflegeheime zu verstehen, vgl. zur Abgrenzung auch *Kunz/Butz/Wiedemann*, Heimgesetz, 10. Aufl. 2004, § 1 Heimgesetz Rdnr. 3 ff.

326 Siehe auch *Dettling*, Apotheke & Recht 2004, 70 ff.

327 Siehe auch *Kieser*, DAZ 2004, 985 ff.

328 Dies wäre nach § 1 Heilpraktikergesetz (HeilpraktG) unzulässig. Ein Verstoß gegen § 1 HeilpraktG ist eine Straftat gemäß § 5 HeilpraktG.

werden dürfen. Der Aufgabenbereich des Heims beschränkt sich darauf – ähnlich wie bei der ärztlichen Betreuung – nach § 6 Nr. 2 Heimgesetz sicherzustellen, dass der Heimbewohner mit den erforderlichen Arzneimitteln durch eine Apotheke versorgt wird.

c) Vergütung?

Der eigentliche Heimversorgungsvertrag bringt regelmäßig keine Vergütungsverpflichtung des Heims mit sich. Eine Vergütung erhalten die versorgenden Apotheken erst, wenn mit dem einzelnen Heimbewohner ein Arzneimittelkaufvertrag geschlossen und aufgrund dieses Vertrages das Arzneimittel geliefert und dann vornehmlich mit der Krankenkasse abgerechnet wird. Der Arzneimittelkaufvertrag ist von dem Heimversorgungsvertrag unabhängig. Jeder Heimbewohner hat auch bei Abschluss eines Heimversorgungsvertrages durch den Heimträger die Freiheit, sich die Apotheke, bei der er sein ihm verschriebenes Arzneimittel kaufen möchte, auszusuchen.

d) Keine Beschränkung der Apothekenwahlfreiheit

Zwar besteht keine rechtliche Verpflichtung der Heimbewohner, die Arzneimittel von einer der Apotheken, mit der ein Heimversorgungsvertrag abgeschlossen wurde, zu beziehen. Es wird aber nur selten vorkommen, dass sich ein Heimbewohner explizit gegen die Einlösung seines Rezepts in einer vertraglichen Heimversorgungsapotheke ausspricht. In diesem Fall müsste der Heimbewohner oder sein Betreuer mit der Apotheke, in der er seine Rezepte einlösen möchte, Kontakt aufnehmen.

Während man unter der früheren Rechtslage die Rezepteinlösung jedenfalls als Ausfluss der Nebenpflichten aus dem Heimvertrag zwischen Heimträger und Heimbewohner ansehen konnte, hat der Heimträger mit Abschluss eines oder mehrerer Heimversorgungsverträge seine Obliegenheiten insoweit erfüllt[329]. Der Heimträger stellt den Heimbewohnern durch dem mit einer oder mehreren Apotheken abgeschlossenen Heimversorgungsvertrag eine Möglichkeit zur Verfügung, Rezepte in einer Apotheke einlösen zu lassen und die verschriebenen Arzneimittel zu erhalten. Der Heimbewohner kann das Heimpersonal damit nur noch in Ausnahmefällen als Boten zur Einlösung eines Rezepts in anderen Apotheken als denjenigen, mit denen der Heimträger einen Heimversorgungsvertrag geschlossen hat, einspannen.

Der Heimträger muss jedoch auch nach Abschluss eines Heimversorgungsvertrages ebenso wie bei der freien Arztwahl das Recht des Bewohners auf freie Apothekenwahl beachten, was sich ausdrücklich aus der Regelung des § 12a

---

329 So auch *Pieck*, DAZ 2003, 3529, 3532 f.

Abs. 1 Satz 3 Nr. 4 ApoG, wonach der Heimversorgungsvertrag die freie Apothekenwahl von Heimbewohnern nicht einschränken darf, ergibt. Er darf einer
Apotheke Rezepte der Heimbewohner nicht gegen deren Willen zuleiten.

4. Räumliche Grenzen der Heimversorgung

a) Benachbarter Kreis

Die öffentliche Apotheke und die zu versorgenden Heime müssen innerhalb desselben Kreises oder derselben kreisfreien Stadt oder in einander benachbarten
Kreisen oder kreisfreien Städten liegen. Die Terminologie des § 12 Abs. 1 Satz 3
Ziff. 1 ApoG entspricht § 2 Abs. 4 Ziff. 2 ApoG. Wie bei der Frage, in welchem
räumlichen Umkreis Filialapotheken zulässig sind, ist auch hier unklar, ob eine
öffentliche Apotheke ein Heim, das in einem anderen, benachbarten aber nicht
angrenzenden Kreis liegt, versorgen kann. Richtigerweise muss eine Einzelfallbetrachtung durchgeführt werden, in die die Entfernungen und die üblicherweise
benötigte Zeit, um diese Entfernung zu überbrücken, einfließen muss. Ob diese
örtliche Beschränkung der Heimversorgung einer verfassungsrechtlichen Prüfung
standhält, ist offen. Gleiche Gefährdungslagen müssen nach der Rechtsprechung
des Bundesverfassungsgerichts gleich behandelt werden[330]. Einerseits ist die Versorgung von Krankenhäusern jetzt europaweit möglich, wenn die krankenhausversorgende Apotheke bestimmte Anforderungen erfüllt, andererseits aber die
Heimversorgung regional beschränkt. Ein wesentliches Unterscheidungsmerkmal
ist aber der unterschiedliche Anwenderkreis: Bei einem Heimbelieferungsvertrag
sind dies letztlich die Heimbewohner (private Endverbraucher), bei der Krankenhausversorgung Ärzte und Krankenschwestern als Fachkreise.

b) Erweiterung des Apothekenunternehmens

Da auch eine Filialapotheke eine vollständige öffentliche Apotheke ist, die Heimversorgungsverträge abschließen kann, erweitert § 12a Abs. 1 Satz 3 Ziff. 1 ApoG
das räumliche Betätigungsfeld eines Apothekenunternehmens. Denn selbst wenn
man benachbart unzutreffenderweise als angrenzend lesen würde, kann eine Apotheke durch den Abschluss eines Heimversorgungsvertrages jedenfalls in einem
Landkreis tätig werden, der nicht mehr an den Landkreis, in dem die Hauptapotheke ansässig ist, angrenzt.

---

330 Vgl. BVerfG, Apotheke & Recht 2003, 43, 47 – Impfstoffversand an Ärzte.

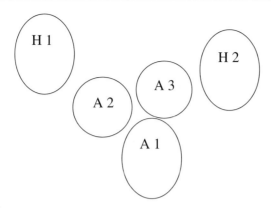

A = Apotheke
H = zu versorgendes Heim

5. Inhalte des Heimversorgungsvertrages

a) Gewährleistung der Arzneimittelversorgung

Durch den Heimversorgungsvertrag muss die ordnungsgemäße Arzneimittelversorgung gewährleistet sein. Hierfür sind Art und Umfang der Versorgung, das Zutrittsrecht zum Heim sowie die Pflichten zur Überprüfung der ordnungsgemäßen, bewohnerbezogenen Aufbewahrung der von dem Apotheker gelieferten Produkte durch pharmazeutisches Personal der Apotheke sowie die Dokumentation dieser Versorgung vertraglich festzulegen. Die Pflichten des Apothekers und des Heims, die zur Erfüllung des Heimvertrages notwendig sind, sind schriftlich zu fixieren. Für den Abschluss eines Heimversorgungsvertrages gibt es mittlerweile zahlreiche Musterverträge, die je nach Urheberschaft für den Apotheker oder den Heimträger mehr oder weniger günstige Vorschriften enthalten[331].

Der Abschluss eines Heimversorgungsvertrages berechtigt den Apotheker im übrigen nicht, Räumlichkeiten, die von den sonstigen Räumlichkeiten der Apotheke getrennt sind, ausschließlich zur Versorgung des Heims einzurichten. Die Heimversorgung muss aus den Räumen der öffentlichen Apotheke stattfinden. Insoweit unterscheidet sich die Heimversorgung sowohl von dem Versand als

---

331 Vgl. beispielsweise Vertragsentwurf des Bundesverbandes Klinik- und Heimversorgungsapotheke e.V., erschienen im Deutschen Apotheker Verlag, Stuttgart oder den im Govi-Verlag erschienen Heimversorgungsvertrag mit Anmerkungen von *Preuschhoff/Tisch*, PZ 2003, 672 ff.; s. auch *Räth/Herzog/Rehborn*, Heimversorgung und Apotheke 2003; *Kieser*, DAZ 2004, 985 ff.

auch von der Krankenhausversorgung, für die § 4 Abs. 4 ApBetrO ausdrücklich Abweichungen von dem Grundsatz der Betriebseinheit zulässt.

b) Information und Beratung

Nach § 12a Abs. 1 Satz 3 Ziff. 3 ApoG ist der Apotheker, der einen Heimversorgungsvertrag abschließt, auch verpflichtet, Heimbewohner zu informieren und zu beraten, sofern dies zur Sicherheit der Heimbewohner oder Beschäftigten des Heims notwendig ist. In dem Heimversorgungsvertrag sind die Pflichten des Apothekers hierfür festzulegen. In den genannten Musterverträgen sind die Beratungsaufgaben detailliert geregelt.

c) Gewährleistung der freien Apothekenwahl

§ 12a Abs. 1 Satz 3 Ziff. 4 ApoG bestimmt nochmals ausdrücklich, dass die freie Apothekenwahl der Heimbewohner durch einen Heimversorgungsvertrag nicht eingeschränkt werden darf. Flankierend hält § 12a Abs. 3 ApoG fest, dass es eines Heimversorgungsvertrages nicht bedarf, wenn sich die Bewohner von Heimen selbst mit Arzneimitteln und apothekenpflichtigen Medizinprodukten aus öffentlichen Apotheken versorgen. Die Apothekenwahlfreiheit, die zwischenzeitlich auch in § 31 Abs. 1 Satz 5 SGB V Eingang gefunden hat, bleibt unangetastet. Der Abschluss eines Heimversorgungsvertrages bedeutet für den Apotheker nicht zwangsläufig, dass er das Heim alleine versorgt. Eine Ausschließlichkeitsbindung untersagt § 12a Abs. 1 Satz 3 Ziff. 5 ApoG ausdrücklich. Ein Heimträger kann mehrere parallele Heimversorgungsverträge schließen, muss aber in den jeweiligen Verträgen die Zuständigkeitsbereiche sei es örtlich oder temporär festlegen.

6. Kein Ermessen der Behörde

Die Behörde hat, wenn die gezeigten Voraussetzungen erfüllt sind, kein Ermessen, ob sie den Heimversorgungsvertrag genehmigt oder nicht. Sie muss die Genehmigung erteilen. Ein Anspruch auf Abschluss eines Heimversorgungsvertrages hat der Apotheker jedoch nicht[332]. Unter Umständen besteht aber eine Pflicht des Heimträgers zur Ausschreibung des Heimversorgungsvertrages[333].

7. Heimversorgung und Verblisterung

Der Abschluss eines Heimversorgungsvertrages ist für Apotheker meist lukrativ, da Heimbewohner eine Vielzahl Medikamenten benötigen. Regelmäßig versorgt die Apotheke die Heimbewohner nicht nur mit den ihnen verschriebenen Arznei-

---

332 Vgl. LG Memmingen, Urteil vom 08.03.2004, Az. 2 O 2297/03.
333 Vgl. hierzu *Kieser*, DAZ 2004, 985 ff.

mitteln, sondern auch mit OTC-Arzneimitteln. Apotheker sind deshalb mitunter zu Zugeständnissen bereit, wenn es darum geht, einen Heimversorgungsvertrag abzuschließen.

Die Heimträger sind sich ihrer Marktmacht bewusst und versuchen ihrerseits kostenlose Zusatzleistungen zu erhalten. In der Praxis wird faktisch in vielen Fällen der Abschluss eines Heimversorgungsvertrages davon abhängig gemacht, dass der Apotheker eine separate Vereinbarung eingeht, in der er sich gegenüber dem Heimträger verpflichtet, die von ihm gelieferten Arzneimittel und sonst vorhandene Arzneimittel für die Bewohner zu stellen oder patientenindividuell zu verblistern[334]. In den meisten Fällen ist hierfür kein oder nur ein marginales Entgelt vorgesehen. Der Heimträger wird durch dieses Outsourcing entlastet, da Personal, das ansonsten mit der Beistellung der Arzneimittel beschäftigt wäre, anderweitig eingesetzt oder gar eingespart werden kann.

Die Zulässigkeit des Verblisterns, also die Einordnung der Arzneimittel, die ein Bewohner zu einem bestimmten Zeitpunkt einnehmen muss, in einen Behälter, der dann verschlossen wird, ist rechtlich noch nicht abschließend geregelt[335]. Das Problem ist, dass gemäß § 4 Abs. 14 AMG Herstellen auch das Umfüllen einschließlich Abfüllen, das Abpacken und das Kennzeichnen von Arzneimitteln ist. Das Umfüllen von Fertigarzneimitteln in eine Dosierungsvorrichtung oder einen Blister ist damit ein Herstellen. Von Bundesland zu Bundesland existieren unterschiedliche Auffassungen, ob und unter welchen Voraussetzungen das Verblistern zulässig ist[336]. Die Tendenz der Behörden geht dahin, die Verblisterung von Arzneimitteln nicht als apothekenübliche Tätigkeit, für die nach § 13 Abs. 2 Nr. 1 AMG keine separate Herstellungserlaubnis notwendig ist, anzusehen[337].

Für den verblisternden Apotheker ist dies von erheblicher Relevanz, da gegebenenfalls ein Herstellen ohne Herstellungserlaubnis gemäß § 13 Abs. 1 AMG vorliegt, wobei insbesondere dem erweiterten Abgabebegriff des § 13 Abs. 1 Satz 3 AMG besondere Aufmerksamkeit zu schenken ist. Auch die Betriebshaftpflichtversicherung des Apothekers greift, wenn es zu Schäden infolge einer unsachgemäßen Verblisterung kommen sollte, nicht ohne weiteres, wenn es sich um eine Tätigkeit handelt, die nicht zum apothekenüblichen Betrieb gehört. Die Verblisterung/Stellung der Arzneimittel sollte in jedem Fall in den Räumlichkeiten des

---

334 Siehe zum Verblistern auch *Reinhart*, AZ Nr. 38/2003, S. 2; *Meyer-Wilmes*, PZ 2002, 3100 f.; siehe auch Äußerung der Abgeordneten Dr. Spielmann, 234. Sitzung des Deutschen Bundestages, 14. Wahlperiode, 26.04.2002, stenographische Protokolle S. 23373.
335 Siehe VG Osnabrück, Urteil vom 09.03.2005, Az. 3 A 89/2004.
336 Vgl. auch Stellungnahme der Ländergruppe Arzneimittel-, Apotheken-, Transfusions- und Betäubungsmittelwesen vom 07./08.05.2003, abgedruckt in: Heimversorgung durch Apotheken, DAV 2003, S. 37 ff.
337 Entgegentretend: VG Osnabrück, Urteil vom 09.03.2005, Az. 3 A 89/2004.

Heims nach dokumentierter Abgabe der Arzneimittel an die Heimbewohner und mit Einverständnis und im Auftrag der Heimbewohner erfolgen. Denn in diesen Räumlichkeiten würde auch das Heimpersonal die Arzneimittel bereitstellen oder verblistern.

VI. Werbung

Das Gros der Rechtsstreitigkeiten, an denen Apotheker beteiligt sind, dreht sich um das Thema Werbung. Im Rahmen von Wettbewerbsprozessen wird darüber gestritten, ob der Apotheker gegen Vorschriften der Berufsordnung, des Heilmittelwerbegesetzes, des Apothekengesetzes, der Apothekenbetriebsordnung oder der Preisangabenverordnung verstoßen hat und ob ein Verstoß unlauter gemäß §§ 3, 4 Ziff. 11 UWG ist.

Seit das Bundesverfassungsgericht im Jahr 1996[338] klargestellt hat, dass auch ein Apotheker, der nicht nur Angehöriger eines freien Berufes, sondern zugleich Kaufmann ist und als solcher werbend auf sich aufmerksam machen darf, ist Apothekenwerbung aus dem Alltag nicht mehr wegzudenken. Die Aufhebung von Zugabeverordnung und Rabattgesetz sowie die Liberalisierungen, die das neue Gesetz gegen unlauteren Wettbewerb mit sich gebracht hat[339], haben weiteren progressiven Werbeformen, die früher undenkbar waren, den Weg gebahnt.

Die meisten Apothekerkammern haben zwischenzeitlich die Zeichen der Zeit erkannt und die früher höchst restriktiven Werbeverbote, die in den Berufsordnungen enthalten waren, gelockert oder sich zumindest darauf verständigt „Verstöße" gegen die formalen Werbeverbote nicht mehr zu ahnden. Während früher eine Vielzahl von Wettbewerbsstreitigkeiten und Berufsverfahren über die Zulässigkeit der Bewerbung eines Zustelldienstes im – damals begründeten – Einzelfall nach § 17 Abs. 2 ApBetrO oder über die Frage, ob ein Produkt unter den Katalog des § 25 ApBetrO a.F. subsumierbar ist, zum Gegenstand hatte oder darüber gestritten wurde, ob eine Zugabe geringwertig ist oder nicht[340], wird heute eher über die Zulässigkeit von Rabattgewährungen bei OTC-Arzneimitteln[341] und angebliche Verstöße gegen Heilmittelwerbegesetz[342] und der Arzneimittelpreisverordnung im Rahmen von Kundenbindungssystemen[343] prozessiert. Teilweise

---

338 BVerfGE 94, 372 ff.

339 Vgl. hierzu *Kieser*, DAZ 2004, 3321 ff.

340 Siehe zu den unterschiedlichen Gegenständen von Wettbewerbs- und Berufsverfahren auch *Kieser*, ABC der Apothekenwerbung, 2002.

341 OLG Düsseldorf, Urteil vom 19.10.2004, Az. 20 U 91/04; *Kieser*, DAZ 2004, 5262 ff.; ders. Pharma Recht 2004, 129 ff.

342 Zur aktuellen Entwicklung vgl. *Kieser*, Arzneimittel & Recht 2006, 3.

343 Zutreffend verneinend LG Memmingen, Urteil vom 05.01.2005, Az. 2 HO 2482/04; OLG Rostock, Urteil vom 04.05.2005, Az. 2 U 54/04; s. auch OLG Naumburg, Urteil vom

wird auch darüber gestritten, ob im Rahmen von Kundenbindungssystemen Prämien, die wegen des Katalogs des § 25 ApBetrO nicht verkauft werden dürften, in den Apothekenbetriebsräumen unentgeltlich abgegeben werden können[344]. Ebenso wie es zulässig ist und war, Gegenstände, die nicht verkauft werden dürften, im Rahmen eines Kaufs als Zugaben auszuhändigen[345], ist es zulässig, solche Produkte im Rahmen eines Kundenbindungssystems abzugeben, solange sichergestellt ist, dass diese Waren, auch wenn sie höherwertig sind, nicht käuflich in den Apothekenbetriebsräumen erworben werden können. Denn nur bei der Möglichkeit eines entgeltlichen Erwerbs besteht die Gefahr, dass sich eine Apotheke in einen Drugstore verwandelt, was § 25 ApBetrO gerade verhindern will.

Verstößt ein Apotheker bei Werbemaßnahmen gegen das Wettbewerbsrecht, muss er regelmäßig auch mit einer berufsrechtlichen Ahndung rechnen. Auf die Frage, ob ein berufsrechtlicher Überhang vorliegt, kommt es nur bei Maßnahmen, die schon Gegenstand eines Ordnungswidrigkeiten- oder Strafverfahrens waren, an.

VII. Herstellung von Arzneimitteln

1. Grundsätze

Zur Sicherung der ordnungsgemäßen Arzneimittelversorgung der Bevölkerung, zu der der Apotheker verpflichtet ist, gehört die Herstellung von Arzneimitteln. Selbst wenn die meisten Arzneimittel heute als Fertigarzneimittel abgegeben werden, bei denen die Rolle des Apothekers auf eine Berater- und Verkäuferrolle beschränkt ist, misst der Verordnungsgeber, wie sich aus den Anforderungen an die Räumlichkeiten ergibt, der Arzneimittelherstellung eine maßgebliche Bedeutung zu. Die Regelungen hierfür finden sich in §§ 6 bis 14 ApBetrO. Diese Bestimmungen greifen dabei auf die Vorschriften zur Ausstattung der Apotheke und die notwendigen wissenschaftlichen Materialien zurück. Nach § 6 Abs. 1 ApBetrO sind Arzneimittel nach den anerkannten pharmazeutischen Regelungen herzustellen und zu prüfen. Es gilt, was das Arzneibuch vorschreibt.

26.08.2005, Az. 10 U 16/05, Arzneimittel & Recht 2006, 28; dagegen aber LG Hanau, Urteil vom 31.08.2004, Az. 6 O 68/04, Apotheke & Recht 2005, 26f.; bestätigt durch OLG Frankfurt am Main, Urteil vom 20.10.2005, Az. 6 U 201/04; OLG Köln, Beschluss vom 20.09.2005, Az. 6 W 112/05, Arzneimittel & Recht, 2005, 172f.

344 Siehe hierzu etwa VG Münster, Beschluss vom 21.03.2005, Az. 6 L 34/05; auch *Cyran/Rotta*, a.a.O., § 25 Rdnr. 18.

345 Siehe hierzu nur § 9 Abs. 2 Ziff. 9a BO Westfalen-Lippe; BGH WRP 2002, 1269ff. – Zugabenbündel.

2. Rezepturarzneimittel

Bei Rezepturarzneimitteln darf der Apotheker nicht von der Verschreibung eines Arztes, Zahnarztes, Tierarztes oder Heilpraktikers abweichen. Insbesondere dürfen keine anderen Bestandteile ohne Zustimmung des Verschreibenden verwendet werden, es sei denn, dass den Bestandteilen keine eigene arzneiliche Wirkung zukommt und sie die arzneiliche Wirkung nicht nachteilig beeinflussen können. Der Apotheker hat also insbesondere bei Konservierungsmitteln, Stabilisatoren, Emulgatoren, Fertigungsmitteln und Geschmacksstoffen einen gewissen Spielraum. Bei Unklarheiten oder Irrtümern in der Verschreibung des Rezepturarzneimittels hat der Apotheker mit dem Arzt Rücksprache zu halten. Er darf das Arzneimittel nicht herstellen, solange nicht die Unklarheit beseitigt ist.

Ohne Verschreibung kann ein Apotheker Rezepturen auf Kundenwunsch anfertigen, sofern gegen deren Herstellung keine Bedenken, etwa wegen der Inkompatibilität zwischen Arznei und/oder Hilfsstoffen besteht. In diesem Fall hat der Apotheker als Fachmann eine verstärkte Informations- und Beratungspflicht[346].

3. Defekturarzneimittel

§ 8 ApBetrO regelt die Anforderungen an die Herstellung von Defekturarzneimitteln[347]. Defekturarzneimittel sind solche, die nicht auf speziellen Kundenwunsch nach § 7 ApBetrO (Rezepturarzneimittel) hergestellt wurden, aber noch keine Großherstellung nach § 9 ApBetrO sind. Ein Defekturarzneimittel wird im Voraus hergestellt. Mengenmäßig dürfen nicht mehr als 100 Packungen oder eine vergleichbare Menge pro Tag hergestellt werden. Die Dokumentations- und Prüfpflichten sind wesentlich höher als bei Rezepturarzneimitteln. So sind Prüf- und Herstellungsprotokolle anzufertigen.

4. Großherstellung

Werden mehr als 100 Packungen eines Arzneimittels in einer Apotheke am Tag hergestellt, handelt es sich um eine Großherstellung im Sinne des § 9 ApBetrO. Bei der Großherstellung werden nochmals gesteigerte Anforderungen an die Dokumentation und Überwachung gestellt. So ist für die Großherstellung ein Apotheker als Verantwortlicher zu bestellen, der nicht gleichzeitig für die Prüfung der Herstellung der Arzneimittel verantwortlich sein darf.

Die Prüfung und Freigabe von Arzneimitteln, die in der Großherstellung hergestellt werden, ist in § 10 ApBetrO geregelt. Es bedarf eines eigenen Apothekers für die Prüfung. Die Anforderungen an die Dokumentation, Kennzeichnung und

---

346 Siehe hierzu auch *Cyran/Rotta*, a.a.O., § 7 Rdnr. 32.
347 Hierzu auch *Reinhart/Meisterernst/Meyer*, a.a.O., S. 43.

Aufbewahrung sind hoch. Arzneimittel aus der Großherstellung dürfen gemäß § 10 Abs. 9 ApBetrO erst abgegeben werden, wenn sie die Prüfprozedur des § 10 ApBetrO durchlaufen haben und nach Prüfung freigegeben worden sind.

5. Qualitätssicherung

Der Apotheker, der Rezeptur-, Defekturarzneimittel oder Arzneimittel in der Großherstellung herstellt, ist verpflichtet, die ordnungsgemäße Qualität der hierfür verwendeten Ausgangsstoffe gemäß § 11 ApBetrO festzustellen. Haben die Ausgangsstoffe ein Prüfzertifikat nach § 6 Abs. 3 ApBetrO ist jedenfalls die Identität des Ausgangsstoffes mit dem Prüfzertifikat festzustellen. Über diese Prüfungen sind ebenfalls Aufzeichnungen zu machen.

Prüfungspflichten gibt es für den Apotheker auch bei Fertigarzneimitteln, die nicht in der Apotheke hergestellt worden sind. Diese regelt § 12 ApBetrO. Gegenüber den Prüfpflichten bei Rezeptur- und Defekturarzneimitteln sind diese Prüfpflichten aber abgeschwächt. Der Apotheker muss Fertigarzneimittel nur stichprobenweise überprüfen. Er kann auch von einer Überprüfung, die über die Sinnesprüfung hinausgeht, absehen, wenn sich keine Zweifel und Anhaltspunkte ergeben haben, die Zweifel an der ordnungsgemäßen Qualität des Arzneimittels begründen. Die Sinnesprüfung beschränkt sich regelmäßig darauf, zu überprüfen, ob die Bezeichnung des Arzneimittels mit dem im Behältnis oder der Verpackung enthaltenen Arzneimittel übereinstimmt oder ob unter Zuhilfenahme des Sehsinns, Geruchssinns, Geschmackssinns oder Tastsinns Qualitätsveränderungen wahrnehmbar sind[348]. Die Prüfungspflicht des Apothekers bezieht sich auch auf das Verfalldatum.

Die Prüfungspflicht erhält besondere Relevanz, wenn ein Rückruf eines Arzneimittelherstellers vorliegt. In diesem Fall hat der Apotheker zu prüfen, ob er Ware aus den fraglichen Chargen hat. Über jede Prüfung muss der Apotheker gemäß § 12 Abs. 2 ApBetrO ein Prüfprotokoll fertigen.

In § 13 ApBetrO ist schließlich festgehalten, dass in der Apotheke hergestellte Arzneimittel nur in Behältnissen in den Verkehr gebracht werden dürfen, die gewährleisten, dass die Qualität nicht mehr als unvermeidbar beeinträchtigt wird. Die Anforderungen an die Behältnisse variieren naturgemäß je nach Art des Arzneimittels[349].

6. Kennzeichnung

In der Apotheke hergestellte Arzneimittel dürfen, wie sich aus § 14 ApBetrO ergibt, nur abgegeben werden, wenn sie ordnungsgemäß gekennzeichnet sind. Im wesentlichen sind die Informationen, die sich auf Fertigarzneimitteln in den

---

348 Siehe hierzu auch *Cyran/Rotta*, a.a.O., § 12 Rdnr. 11.
349 Anschaulich *Cyran/Rotta*, a.a.O., § 13 Rdnr. 14 ff.

Gebrauchsinformationen befinden, auch bei Arzneimitteln, die in der Apotheke hergestellt werden, aufzunehmen. Dies gilt insbesondere für Anwendung, Herstellungsdatum, Haltbarkeit sowie Anwendungsgebiete, Gegenanzeigen, Nebenwirkungen und Wechselwirkungen. Sofern das Arzneimittel gefährliche physikalische Eigenschaften hat, ist hierauf entsprechend der Gefahrstoffverordnung mit den vorgeschriebenen Symbolen und Bezeichnungen hinzuweisen.

VIII. Bereitschaft

1. Grundsatz

§ 23 ApBetrO regelt i.V.m. § 4 des Ladenschlussgesetzes eine besondere Dienstbereitschaft der Apotheken. Diese dient dazu, die sofortige Versorgung der Bevölkerung mit den benötigten Arzneimitteln sicherzustellen. Viele verordnete Arzneimittel müssen nachts, an Wochenenden oder an Feiertagen so schnell als möglich angewendet werden. Hierzu ist es notwendig, dass über einen Apothekenbereitschaftsdienst Verschreibungen zeitnah eingelöst werden können. Die Dienstbereitschaft der Apotheken dient außerdem dazu, den Ärzten einen Überblick zu geben, welches Medikament gerade vorrätig gehalten wird. Hierdurch soll verhindert werden, dass der Arzt dem Patienten ein Arzneimittel verordnet, das dieser außerhalb der allgemeinen Öffnungszeiten der Apotheke nicht besorgen kann[350].

2. § 4 Ladenschlussgesetz: Öffnungsrecht der Apotheke

Nach § 4 Abs. 1 Ladenschlussgesetz (LadenSchlG) dürfen Apotheken an allen Tagen während des ganzen Tages geöffnet sein. § 4 Abs. 1 Satz 2 LadenschlG beschränkt jedoch das Sortiment, das von Apotheken innerhalb der allgemeinen Ladenschlusszeiten, die § 3 LadenSchlG festlegt, abgegeben werden darf. Den Apotheken ist während der allgemeinen Ladenschlusszeiten und an Sonn- und Feiertagen[351] nur die Abgabe von Arznei-, Krankenpflege-, Säuglingspflege- und Säuglingsnährmittel, hygienischen Artikeln sowie Desinfektionsmitteln gestattet. Das übliche Apothekenrandsortiment, das in § 25 ApBetrO genannt ist, wie beispielsweise Kosmetika oder Körperpflegemittel darf während der Ladenschlusszeiten nicht abgegeben werden.

---

350 Siehe hierzu Bayerischer Verwaltungsgerichtshof, PZ 1981, 238 f.; OVG Lüneburg, PZ 1987, 982

351 Zur Zulässigkeit der Apothekenöffnung an verkaufsoffenen Sonntagen grundsätzlich BVerfG, Apotheke & Recht 2002, 16 ff.

3. Beschränkung durch § 23 ApBetrO

Dieses allgemeine Öffnungsrecht für Apotheken wird durch § 4 Abs. 2 Laden-SchlG und durch § 23 ApBetrO wieder eingeengt. So kann nach § 4 Abs. 2 La-denSchlG die nach Landesrecht zuständige Verwaltungsbehörde für eine Ge-meinde oder für benachbarte Gemeinden mit mehreren Apotheken anordnen, dass während der allgemeinen Ladenschlusszeiten abwechselnd ein Teil der Apotheken geschlossen sein muss. An den geschlossenen Apotheken ist dann an sichtbarer Stelle ein Aushang anzubringen, der die zur Zeit offenen Apotheken bekannt gibt.

Die Dienstbereitschaft der Apotheken steht der Offenhaltung gleich. Dienst-bereitschaft bedeutet, dass der Apotheker ständig – auch telefonisch – erreichbar sein muss. Der Apotheker muss sich nicht in den Apothekenbetriebsräumen oder in dem Gebäude, in dem sich die Apothekenbetriebsräume befinden, aufhalten. Es reicht vielmehr aus, wenn er sich in der unmittelbaren Nachbarschaft aufhält und jederzeit erreichbar ist[352]. Auch hiervon kann die zuständige Behörde nach § 23 Abs. 4 Satz 2 ApBetrO in begründeten Einzelfällen einen Apothekenleiter auf Antrag befreien, wenn zum einen der Apothekenleiter jederzeit erreichbar ist, was in Zeiten der mobilen Kommunikation keine allzu großen Probleme mehr aufwirft und die Arzneimittelversorgung in anderer, für den Kunden zumutbaren Weise sichergestellt ist. Demgegenüber muss die Offizin für den Publikumsver-kehr nicht geöffnet werden. Die Einrichtung eines Nachtschalters mit Klingel und Sprechanlage reicht aus[353].

Nach § 23 Abs. 1 Satz 1 ApBetrO muss die Apotheke außer zu den Zeiten, in denen sie aufgrund einer Anordnung nach § 4 Abs. 2 LadenSchlG geschlossen zu halten ist, ständig dienstbereit sein. Diese allgemeine Regelung würde dazu füh-ren, dass alle Apotheken auch in schwach frequentierten Zeitfenstern wie mor-gens von 6.00 bis 8.00 Uhr, abends von 18.30 bis 20.00 Uhr oder Samstagsnach-mittag zwischen 14.00 und 20.00 Uhr dienstbereit sein müssten. Da unter dem Gesichtspunkt der Arzneimittelversorgung eine Dienstbereitschaft aller Apothe-ken nicht notwendig ist, hat der Verordnungsgeber in § 23 Abs. 1 Satz 2 ApBetrO angeordnet, dass die Verpflichtung zur Dienstbereitschaft in diesen Zeiträumen nicht gilt. Ein Apothekenleiter kann daher frei entscheiden, ob er während dieser Randzeiten seine Apotheke offen hält oder nicht. Eine Befreiungsverfügung der zuständigen Behörde ist nicht notwendig.

---

352 Hierzu *Cyran/Rotta*, a.a.O., § 23 Rdnr. 91 f.; eine Entfernung von 600 m reicht nach der Rechtsprechung des VG Würzburg, PZ 1980, 2266, jedoch nicht mehr aus.

353 Vgl. *Cyran/Rotta*, a.a.O., § 23 Rdnr. 23; demgegenüber wird allein die telefonische Erreich-barkeit kritisch gesehen, da der Patient hierfür ein Mobiltelefon oder Münzgeld bzw. eine Te-lefonkarte für einen öffentlichen Fernsprecher benötigt, von dessen Vorhandensein nicht ohne weiteres ausgegangen werden kann; siehe auch *Pfeil/Pieck/Blume*, a.a.O., § 23 Rdnr. 24.

Die zuständige Behörde, regelmäßig die Apothekerkammer[354], die hier die größte Sachnähe aufweist, kann nach § 23 Abs. 2 ApBetrO für die Dauer der orts-üblichen Schließzeiten, den Mittwochnachmittag, Sonnabend oder Betriebsferien und, sofern ein berechtigter Grund[355] vorliegt, auch außerhalb dieser Zeiten von der Verpflichtung zur Dienstbereitschaft befreien, wenn die Arzneimittelversor-gung in dieser Zeit durch eine andere Apotheke, die sich auch in einer anderen Gemeinde befinden kann, sichergestellt ist. Viele Apothekerkammern haben hier-zu Allgemeinverfügungen, die auf lokale und regionale Besonderheiten Rücksicht nimmt[356], erlassen.

Die Dienstbereitschaft von Apotheken innerhalb der gesetzlichen La-denschlusszeiten wird in Turnusregelungen, die mehrere Apotheken einer Stadt oder Gemeinde oder auch Apotheken benachbarter Gemeinden umfasst, festge-legt. Dabei ist einerseits zwischen dem Interesse der Bevölkerung, im Notfall Arz-neimittel zu erhalten ohne größere Entfernungen zurückzulegen, und andererseits den personellen und wirtschaftlichen Erschwernissen, die die Dienstbereitschaft mit sich bringt, abzuwägen. Denn während der Dienstbereitschaft muss appro-biertes Personal, das entsprechende Kosten verursacht, oder der Apothekenleiter selbst erreichbar sein.

4. Notfallgebühr

Der Apotheker hat gemäß § 6 AMPreisVO die Möglichkeit, für eine Abgabe von Arzneimitteln innerhalb der Ladenschlusszeiten eine sogenannte Notfallgebühr in Höhe von 2,50 € inklusive Mehrwertsteuer fordern. Auch mit dieser Gebühr rechnet sich die Dienstbereitschaft jedoch nicht.

5. Kammerübergreifende Regelungen

Um die Belastungen für die Apotheke möglichst gering zu halten, werden Not-dienstregelungen auch kammer- und bundeslandesübergreifend geregelt. Die Frage, was für Entfernungen den Patienten nachts zuzumuten sind, um die ver-schriebenen Arzneimittel zu erhalten, lässt sich nicht abstrakt beantworten. Es

---

354 Vgl. zu den Zuständigkeiten *Pfeil/Pieck/Blume*, a.a.O., § 2 Rdnr. 41; *Cyran/Rotta*, a.a.O., § 23 Rdnr. 113 ff.

355 Einen berechtigten Grund ablehnend, OVG Lüneburg, PZ 1987, 982, bei benachbarten „Ehe-gatten"-Apotheken.

356 Beispielsweise eingeschränkte Dienstbereitschaft am Rosenmontag im Bereich der Apothe-kerkammer Nordrhein; einen umfassenden Rechtsprechungsüberblick liefert *Zerres*, Apothe-kenrecht Kompakt, S. 34 ff.

gibt hierzu eine Vielzahl von Einzelfallentscheidungen, die sich mit Entfernungen von 5 bis 15 km befassen[357].

6. Krankenhausversorgung

Wenn die öffentliche Apotheke gleichzeitig krankenhausversorgende Apotheke im Sinne des § 14 Abs. 5 ApoG ist, gilt § 23 Abs. 6 ApBetrO. Die Apotheke hat mit dem Träger des Krankenhauses eine Dienstbereitschaftsregelung zu treffen, die die ordnungsgemäße Arzneimittelversorgung des Krankenhauses gewährleistet.

7. Rechtsfolgen

Ebenso wie eine fehlende Dienstbereitschaft nach § 23 Abs. 1 ApBetrO nach § 34 Ziff. 2 i) ApBetrO eine Ordnungswidrigkeit ist, begeht der Leiter, der sich nicht an die über § 4 Abs. 2 LadenSchlG angeordneten Schließzeiten hält, gemäß § 24 Abs. 1 Ziff. 2a LadenSchlG eine Ordnungswidrigkeit.

C. Besonderheiten beim Betrieb der Filialapotheke

I. Filialleitung

Der Betreiber des Apothekenunternehmens hat für jede Filialapotheke einen Filialapothekenleiter als Verantwortlichen zu benennen[358]. Der Filialleiter kann angestellter Apotheker sein, nach richtiger Auffassung kommt als Filialleiter aber auch der Gesellschafter einer OHG, die das Apothekenunternehmen betreibt, in Betracht[359]. Der Filialleiter hat nach § 7 Satz 2 ApoG die Pflicht, die Filialapotheke persönlich zu leiten. Der Filialleiter muss daher grundsätzlich selbst anwesend sein. Er muss sich als Apothekenleiter bei nicht nur kurzfristiger Abwesenheit von einem approbierten Apotheker nach Maßgabe des § 2 Abs. 5 ApBetrO vertreten lassen.

Der Filialleiter ist, auch wenn er weder das rechtliche noch das wirtschaftliche Risiko der Filialapotheke trägt, für deren Betrieb verantwortlich. Er kann berufs-

---

357 OVG Nordrhein-Westfalen, DAZ 1982, 1520; Bayerischer Verwaltungsgerichtshof, NJW 1986, 1564; OVG Nordrhein-Westfalen, PZ 1969, 620; OVG Rheinland-Pfalz, DAZ 1984, 1760; VG München, DAZ 1989, 2483; OVG Lüneburg, PZ 1964, 734; *Cyran/Rotta*, a.a.O., § 23 ApBetrO Rdnr. 34 ff. m.w.N.

358 § 2 Abs. 5 Nr. 2 ApoG.

359 Vgl. hierzu *Dettling/Kieser*, in: *Herzog/Dettling/Kieser/Spielvogel*, a.a.O., S. 126 f.; siehe allgemein zur Vertretung im Rahmen einer Apotheken-OHG auch *Pfeil/Pieck/Blume*, a.a.O., § 2 Rdnr. 63.

rechtlich bei Verstößen ebenso belangt werden wie der Apothekenbetreiber, auch wenn in der Praxis eine separate Inanspruchnahme des Filialleiters selten ist, sofern sich der Apothekenbetreiber dazu bekennt, dass er eigenverantwortlich eine beanstandete Maßnahme angeordnet hat. Für den Filialleiter können sich ähnlich wie beim Leiter einer Krankenhausapotheke Interessenkonflikte ergeben. Einerseits muss er die Filialapotheke eigenverantwortlich führen und die apotheken-rechtlichen Bestimmungen einhalten und bei Verstößen damit rechnen, zur Rechenschaft gezogen zu werden, andererseits hat er als Arbeitnehmer naturgemäß wenig ausgeprägte Neigungen, Maßnahmen, die sich gegen seinen Arbeitgeber richten, zu ergreifen. So könnte beispielsweise der Filialleiter apothekenrechtlich verpflichtet sein, die Filialapotheke bei schwerwiegenden Verstößen gegen das Apothekenrecht vorübergehend zu schließen[360].

Die Verpflichtung zum eigenverantwortlichen Betrieb durch den Filialleiter bedeutet jedoch nicht, dass er uneingeschränkt den Betreiber des Apothekenunternehmens vertreten können muss. Vielmehr kann sich seine Bevollmächtigung auf die alltäglich in einer Apotheke anfallenden Rechtsgeschäfte mit Maßnahmen der Personalführung beschränken. Eine Vollmacht, die die Apotheke im gesamten umfasst, Mietverträge miteinschließt, den Filialleiter zur EDV-Beschaffung oder ihn zur selbständigen Personaleinstellung ermächtigt, ist nicht notwendig.

II. Firmierung

Der Apotheker darf bei der Eröffnung einer Filialapotheke keine fremden Kennzeichenrechte verletzen. Da es sich um ein einheitliches Apothekenunternehmen handelt, muss der Apotheker auch die handelsrechtlichen Firmierungsgrundsätze beachten. Der Grundsatz der Firmeneinheit, wonach der Betreiber einer Apothekenkette für die zu dem Apothekenunternehmen gehörenden Apotheken jeweils nur eine einheitliche Firma führen darf, wird aber, da es sich bei den Filialapotheken um handelsrechtliche Zweigniederlassungen im Sinne des § 13 HGB handelt[361], durchbrochen. Es muss verhindert werden, dass der Verkehr davon ausgeht, es handele sich bei der Filialapotheke um ein eigenständiges Unternehmen mit eigener Rechtspersönlichkeit[362]. Dies kann, wenn die Firmen nicht identisch sind, durch das Hinzufügen eines Zweigniederlassungszusatzes geschehen.

---

360 *Dettling/Kieser*, in: *Herzog/Dettling/Kieser/Spielvogel*, a.a.O., S. 130 f.
361 *Kieser/Leinekugel*, DAZ 2004, 737 ff.
362 *Kieser/Leinekugel*, Apotheke & Recht 2004, 61 ff.

3. Teil: Die Krankenhausapotheke

A. Eröffnung der Krankenhausapotheke

1. Betriebserlaubnis

Der Grundsatz der personengebundenen Erlaubnis, der für die öffentliche Apotheke gilt, und das Verbot des Fremd- und Mehrbesitzes werden bei Krankenhausapotheken durchbrochen. Gemäß § 14 Abs. 1 ApoG wird die Erlaubnis zum Betrieb einer Krankenhausapotheke dem Träger eines Krankenhauses erteilt. Was Krankenhäuser sind definiert unter Verweisung auf das Krankenhausfinanzierungsgesetz § 14 Abs. 8 ApoG. Außerdem werden Rettungsdienste und bestimmte Kur- und Spezialeinrichtungen Krankenhäusern gleichgestellt.

Die Erlaubnis zum Betrieb einer Krankenhausapotheke ist an den Träger gebunden, unabhängig davon welcher Rechtsform er sich bedient. Wenn der Träger des Krankenhauses wechselt, ist für den neuen Träger die Erteilung einer neuen Betriebserlaubnis notwendig[363].

2. Persönliche Voraussetzungen

Die Erlaubnis zum Betrieb einer Krankenhausapotheke wird nur erteilt, wenn bestimmte persönliche und sachliche Voraussetzungen vorliegen. So muss der Träger eines Krankenhauses die Anstellung eines Apothekers, der die Voraussetzungen nach § 2 Abs. 1 Nr. 1 bis 4, 7 und 8 sowie Abs. 3 ApoG erfüllt, nachweisen. Der Apotheker muss also Deutscher oder Angehöriger eines anderen EU-Staates oder eines Vertragsstaates des Abkommens über den europäischen Wirtschaftsraum und voll geschäftsfähig sein. Er muss die deutsche Approbation als Apotheker besitzen und die für den Betrieb einer Apotheke erforderliche Zuverlässigkeit haben. Er muss zudem gesundheitlich in der Lage sein, eine Apotheke ordnungsgemäß zu leiten und muss mitteilen, ob und gegebenenfalls an welchem Ort in einem anderen Mitgliedstaat der Europäischen Gemeinschaften oder in einem anderen Vertragsstaat des Abkommens über den europäischen Wirtschaftsraum er eine oder mehrere Apotheken betreibt.

Der angestellte oder gegebenenfalls verbeamtete Apotheker, der diese Voraussetzungen erfüllt, ist Leiter der Krankenhausapotheke im Sinne des § 27 Abs. 1 ApBetrO. Gemäß § 7 Satz 3 ApoG ist er verpflichtet, die Krankenhausapotheke

---

363 Vgl. *Schiedermair/Pieck*, a.a.O., § 14 Rdnr. 24.

persönlich zu leiten, wobei das wirtschaftliche Risiko des Apothekenbetriebes beim Krankenhausträger verbleibt.

3. Räumlichkeiten der Krankenhausapotheke

Um die Genehmigung zum Betrieb einer Krankenhausapotheke zu erhalten, muss der Träger die für Krankenhausapotheken nach der Apothekenbetriebsordnung vorgeschriebenen Räume nachweisen. Nach § 29 Abs. 2 ApBetrO soll die Krankenhausapotheke mindestens aus einer Offizin, zwei Laboratorien, einem Geschäftsraum und einem Nebenraum bestehen und muss über ausreichenden Lagerraum verfügen. In allen Laboratorien muss sich ein Abzug mit Absaugvorrichtung befinden. Außerdem muss die Lagerung unterhalb einer Temperatur von 20 Grad Celsius möglich sein.

Die Grundfläche dieser aufgeführten Betriebsräume muss insgesamt mindestens 200 qm betragen. Grundsätzlich gilt, dass die für einen ordnungsgemäßen Betrieb der Krankenhausapotheke notwendigen Räume vorhanden sein müssen. Dabei sind Art, Beschaffenheit, Größe und Zahl der Räume sowie die Einrichtung der Krankenhausapotheke an Größe, Art und Leistungsstruktur des Krankenhauses auszurichten[364]. Bei der Beantragung reicht die Vorlage entsprechender Pläne aus. Allerdings prüft die zuständige Behörde bei der Abnahme nach § 6 ApoG, die auch bei der Krankenhausapotheke notwendig ist, ob die Räumlichkeiten für den Betrieb einer Krankenhausapotheke ausreichen.

4. Erweiterung des Tätigkeitsgebiets

Die Krankenhausapotheke eines Trägers kann auch einen Vertrag zur Versorgung der Krankenhäuser anderer Träger mit Arzneimitteln schließen. Dieser bedarf der Schriftform. Um rechtswirksam zu werden, muss der Vertrag von der zuständigen Behörde genehmigt werden. Die Genehmigungsanforderungen unterscheiden sich nicht von denen für eine krankenhausversorgende öffentliche Apotheke[365].

5. Rücknahme der Erlaubnis

Nach § 14 Abs. 2 ApoG ist die Erlaubnis zurückzunehmen, wenn nachträglich bekannt wird, dass bei der Erteilung eine der genannten erforderlichen Voraussetzungen nicht vorgelegen hat. Sind die Voraussetzungen nachträglich weggefallen, ist die Erlaubnis zu widerrufen. Gleiches gilt, wenn der Erlaubnisinhaber oder seine Beauftragten dem Apothekengesetz oder der Apothekenbetriebsordnung gröblich oder beharrlich zuwider gehandelt haben. Auch die Genehmigungen zur

---

364 Vgl. § 29 Abs. 1 i.V.m. § 28 Abs. 1 Satz 2 ApBetrO.
365 Vgl. oben Seite 85 ff.

Versorgung weiterer Krankenhäuser mit Arzneimitteln können zurückgenommen oder widerrufen werden.

B. Betrieb der Krankenhausapotheke

1. Aufgabe der Krankenhausapotheke

Die Verpflichtungen der Krankenhausapotheke und des Apothekenleiters entsprechen denen der krankenhausversorgenden Apotheke, die schon dargestellt worden sind[366]. Von besonderer Bedeutung ist die Überprüfungspflicht der Arzneimittelbestände und der Arzneimittellagerung durch den Leiter der Krankenhausapotheke. Er muss den Träger des Krankenhauses auffordern, festgestellte Mängel zu beseitigen und gegebenenfalls die für die Apothekenaufsicht zuständige Behörde zu informieren. Der Apothekenleiter kann hierdurch in die unangenehme Situation kommen, dass er gegen seinen Arbeitgeber behördliche Maßnahmen anregen muss.

Um zu gewährleisten, dass der Apothekenleiter seine apothekenrechtlichen Verpflichtungen erfüllt und Maßnahmen ergreift, die apothekenrechtlich notwendig jedoch wirtschaftlich nicht im Interesse seines Arbeitgebers sind, ist im Anstellungsvertrag sicherzustellen, dass ihm aus der Erfüllung der apothekenrechtlichen Verpflichtungen, für die er auch berufsrechtlich belangt werden kann, keine arbeitsrechtlichen Nachteile erwachsen dürfen. Ist der Apothekenleiter ein Beamter, stellt sich diese Problematik nur in abgeschwächter Form.

2. Besonderheiten beim Betrieb

Der Betrieb von Krankenhausapotheken ist in den §§ 26 ff. ApBetrO geregelt.

§ 26 Abs. 2 ApBetrO erklärt für Krankenhausapotheken eine Vielzahl der allgemeinen, schon bekannten Vorschriften der Apothekenbetriebsordnung für anwendbar. Dies sind:

§ 4 Abs. 1, Abs. 6 ApBetrO	Allgemeine Anforderungen an Beschaffenheit, Größe, Einrichtung der Betriebsräume und Änderungsanzeige bei der Behörde
§ 5 ApBetrO	Vorhandensein wesentlicher wissenschaftlicher und sonstiger Hilfsmittel
§§ 6 – 14 ApBetrO	Herstellung, Prüfung und Kennzeichnung von Rezeptur-, Defektur-Arzneimitteln und Arzneimitteln der Großherstellung

---

366 Vgl. oben S. 155.

§ 16 ApBetrO	Lagerung von Arzneimitteln
§ 18 ApBetrO	Einfuhr von Arzneimitteln
§ 20 Abs. 1 ApBetrO	Beratung und Information über Arzneimittel
§ 21 ApBetrO	Arzneimittelrisiken und die Behandlung nicht verkehrsfähiger Arzneimittel
§ 22 ApBetrO	Dokumentationspflichten
§ 25 ApBetrO	Apothekenübliche Waren

Außerdem wird in einzelnen Paragraphen der Bestimmungen über die Krankenhausapotheke auf die Regelungen zu den öffentlichen Apotheken verwiesen.

3. Aufgaben des Krankenhausapothekenleiters

Nach § 27 Abs. 2 ApBetrO ist der Leiter der Krankenhausapotheke dafür verantwortlich, dass die Apotheke unter Beachtung der geltenden Vorschriften betrieben wird. Ihm oder dem von ihm beauftragten Apotheker obliegt die Information und Beratung der Ärzte des Krankenhauses über Arzneimittel. Er ist außerdem Mitglied der Arzneimittelkommission des Krankenhauses[367].

Wie der Betreiber eines Apothekenunternehmens kann auch der Leiter der Krankenhausapotheke nur von einem Apotheker vertreten werden. Gemäß § 27 Abs. 4 i.V.m. § 2 Abs. 5 ApBetrO ist eine Vertretung von mehr als drei Monaten im Jahr nicht zulässig. Sofern der Leiter der Krankenhausapotheke noch eine weitere berufliche Tätigkeit ausübt, muss er diese der zuständigen Behörde anzeigen.

---

367 Verbindliche Regelungen über Befugnisse, Bildung und Aufgabe der Arzneimittelkommission existieren kaum. In dem Musterversorgungsvertrag, den die ABDA und die Deutsche Krankenhausgesellschaft zur Versorgung von Krankenhäusern mit Arzneimitteln entworfen haben (abgedruckt etwa bei *Schiedermair/Pieck*, a.a.O., § 14 ApoG Anh. zu § 14 Erläuterung 9) ist in § 11 eine schuldrechtliche Verpflichtung des Krankenhauses vorgesehen, eine Arzneimittelkommission zu bilden. Die Hauptaufgabe der Arzneimittelkommission besteht in der Auswahl der im Krankenhaus einsetzbaren Arzneimittel nach medizinischen, pharmazeutischen und wirtschaftlichen Kriterien (s. auch *Cyran/Rotta*, a.a.O,. § 27 Rdnr. 19 f.). Sinnvoll ist es auch, wenn der Apothekenleiter in weiteren Kommissionen wie der Hygienekommission, Ethikkommission oder Einkaufskommission vertreten ist (vgl. *Cyran/Rotta*, a.a.O., § 27 Rdnr. 21).

4. Personal

Nach § 28 Abs. 1 ApBetrO muss in einer Krankenhausapotheke das für einen ordnungsgemäßen Betrieb notwendige pharmazeutische Personal vorhanden sein. Konkrete Vorgaben macht die Apothekenbetriebsordnung nicht. Das notwendige Personal ergibt sich aus Art und Umfang einer medizinisch zweckmäßigen und ausreichenden Versorgung des Krankenhauses mit Arzneimitteln unter Berücksichtigung von Größe, Art und Leistungsstruktur des Krankenhauses. Sofern noch weitere Krankenhäuser durch die Krankenhausapotheke mitversorgt werden, muss eine entsprechende Personalkapazität vorhanden sein.

Der Leiter der Krankenhausapotheke ist für den Einsatz des Apothekenpersonals verantwortlich. Diese Verantwortlichkeit bringt es mit sich, dass der Leiter der Krankenhausapotheke bei der Anstellung von Mitarbeitern für die Krankenhausapotheke, der Ausgestaltung deren Arbeitsverträge und dem Ergreifen eventueller arbeitsrechtlicher Maßnahmen zu beteiligen ist. Nur so lässt sich eine apothekenrechtliche Verantwortung des Apothekenleiters rechtfertigen.

§ 3 Abs. 3 bis 6 ApBetrO gilt nach § 28 Abs. 2 ApBetrO entsprechend. Auch in einer Krankenhausapotheke müssen danach pharmazeutische Tätigkeiten vom pharmazeutischen Personal, soweit in den Einzelregelungen nichts anderes bestimmt ist, ausgeführt werden.

5. Bevorratung

In der Krankenhausapotheke müssen die zur Sicherstellung einer ordnungsgemäßen Arzneimittelversorgung der Patienten des Krankenhauses notwendigen Arzneimittel in ausreichender Menge, die mindestens dem durchschnittlichen Bedarf für zwei Wochen entsprechen, vorrätig gehalten werden[368]. Die Arzneimittel sind aufzulisten. Diese Regelung spezifiziert die allgemeinen, für öffentliche Apotheken geltenden Bevorratungsverpflichtungen. Die Liste der Arzneimittel, die vorrätig zu halten sind, wird üblicherweise von der Arzneimittelkommission erstellt.

6. Abgabe von Arzneimitteln

a) Schriftliche Anforderung

§ 31 ApBetrO regelt die Abgabe von Arzneimitteln in der Krankenhausapotheke. Arzneimittel dürfen nach § 31 Abs. 1 ApBetrO an Stationen oder andere Teileinheiten des Krankenhauses nur aufgrund einer Verschreibung im Einzelfall oder aufgrund einer schriftlichen Anforderung abgegeben werden. Die Vorschriften der Verschreibungsverordnung bleiben jedoch unberührt. Unabhängig davon, ob ein OTC-Arzneimittel oder ein verschreibungspflichtiges Arzneimittel an die

---

368 § 30 Abs. 1 ApBetrO.

Teilstation abgegeben wird – besser wäre hier der Terminus aushändigen, da die Verfügungsgewalt nicht wechselt, wenn ein rechtlich unselbständiger Teil des Krankenhauses die Arzneimittel einem anderen rechtlich unselbständigen Teil übergibt – bedarf es einer schriftlichen Anforderung.

Bei verschreibungspflichtigen Arzneimitteln muss die schriftliche Anforderung den Vorgaben der Verschreibungsverordnung entsprechen; werden Betäubungsmittel angefordert, müssen auch die Vorgaben von § 11 Betäubungsmittelverschreibungsverordnung erfüllt werden. Bei einer Abgabe von Arzneimitteln an Beschäftigte des Krankenhauses durch die Krankenhausapotheke bedarf es im Bereich der OTC-Arzneimittel jedoch keiner schriftlichen Anforderung, da sich § 31 Abs. 1 Satz 1 ApBetrO nur auf Stationen und andere Teileinheiten des Krankenhauses bezieht[369].

b) Versandverbot

§ 31 Abs. 4 ApBetrO verweist auf § 17 Abs. 1 Satz 1, Abs. 4, Abs. 5 und Abs. 6 ApBetrO. Auf dessen Abs. 2 und 2a wird aber nicht verwiesen. Eine Krankenhausapotheke kann also keine Arzneimittel versenden. Sie kann auch, wie sich aus der Beschränkung des § 11a ApoG auf die Inhaber einer Apothekenbetriebserlaubnis nach § 2 ApoG ergibt, keine Versandhandelserlaubnis erlangen. Die Krankenhausapotheke kann und darf Arzneimittel nicht per Boten zustellen. Dies gilt insbesondere im Falle der Abgabe von Arzneimitteln an Krankenhausbeschäftigte im Rahmen des § 14 Abs. 4 Satz 2 ApoG[370].

Allerdings wird man auch ohne ausdrückliche Regelung mit Blick auf die Impfstoffversandentscheidung des Bundesverfassungsgerichts[371] eine Aushändigung durch pharmazeutisches Personal der Krankenhausapotheke im Krankenhaus außerhalb der Krankenhausapothekenbetriebsräume zulassen müssen. Da Station und Krankenhausapotheke dem gleichen Rechtsträger zuzuordnen sind, kann nicht zwischen Boten der Krankenhausapotheke einerseits und Boten der Station andererseits, der benötigte Arzneimittel eventuell in den Räumen der Krankenhausapotheke abholt, unterschieden werden[372].

---

369 Hierzu *Dettling/Kieser*, Krankenhaus & Recht 2003, 99, 103 m.w.N.

370 Hierzu *Dettling/Kieser*, Krankenhaus & Recht 2003, 99, 105 f. Auch durch Zulassung des Versandes und der Erweiterung der Botenzustellung hat sich an der dort skizzierten Rechtslage jedenfalls für die Krankenhausapotheke nichts geändert.

371 BVerfGE 107, 186 ff.

372 Zur Zulässigkeit eines weisungsabhängigen Hol- und Bringdienstes *Cyran/Rotta*, a.a.O., § 31 Rdnr. 13.

c) Sicherheitsmaßnahmen

§ 31 Abs. 2 ApBetrO trägt den Besonderheiten der Arzneimittelaushändigung im Krankenhausbetrieb Rechnung. Bei der Aushändigung an Stationen und andere Teileinheiten des Krankenhauses sind die Arzneimittel vor dem Zugriff Unbefugter zu schützen. Die Arzneimittel sind in einem geeigneten, verschlossenen Behälter abzugeben, auf dem die Apotheke und der Empfänger anzugeben sind. Hierdurch soll Verwechslungen vorgebeugt und verhindert werden, dass Arzneimittel an Patienten angewendet werden, für die diese gar nicht vorgesehen sind.

Wichtig ist auch, dass ein unbefugtes Öffnen der Arzneimittelbehälter nicht unbemerkt erfolgen kann, sondern der Behälter erst in der Bestimmungsstation von der Krankenschwester/dem Arzt, der letztlich das Arzneimittel am Patienten anwendet, geöffnet wird[373].

d) Kennzeichnung

Erhält ein Patient im Zusammenhang mit einer vor- oder nachstationären Behandlung oder einer ambulanten Operation Arzneimittel zur Anwendung außerhalb des Krankenhauses ausgehändigt, sind diese gemäß § 14 Abs. 1 Satz 2 ApBetrO zu kennzeichnen und mit einer Packungsbeilage zu versehen. Diese Regelung soll gewährleisten, dass der Patient, wenn er nur einzelne Tabletten und keine ganze Packungen zur Überbrückung erhält, ausreichend informiert ist. Üblicherweise enthalten die Klinikpackungen, mit denen Krankenhausapotheken regelmäßig versorgt werden, eine Vielzahl von Packungsbeilagen, damit die Krankenhausapotheke eine Packungsbeilage bei der Abgabe von Arzneimitteln ohne weitere Probleme beifügen kann[374].

Da aus Gründen der Wirtschaftlichkeit im Krankenhaus Arzneimittel auch ohne die äußere Umhüllung (Schachtel) abgegeben werden dürfen, sieht § 31 Abs. 3 ApBetrO im Interesse der Arzneimittelsicherheit bei der Abgabe solcher Arzneimittel an Verbraucher vor, dass auf dem Behältnis in diesem Fall die Bezeichnung des Arzneimittels, die Chargenbezeichnung, das Verfalldatum, Aufbewahrungshinweise angegeben und die Packungsbeilage beigefügt wird.

e) Allgemeine Regelungen

Über den Verweis in § 31 Abs. 4 ApBetrO gilt die Pflicht, Verschreibungen in angemessener Zeit auszuführen, auch für Krankenhausapotheken. Bei Unklarheiten muss der Krankenhausapotheker ebenso nach § 17 Abs. 5 ApBetrO nachfragen und die Unklarheit beseitigen, wie sein Kollege in einer öffentlichen Apotheke.

---

373 Vgl. *Cyran/Rotta*, a.a.O., § 31 Rdnr. 16 f.
374 Siehe *Dettling/Kieser*, Krankenhaus & Recht, 2003, 99, 108.

Wenig überzeugend ist hingegen, dass § 17 Abs. 8 ApBetrO – Recht, die Abgabe bei einem begründeten Verdacht auf Arzneimittelmissbrauch zu verweigern – keine entsprechende Anwendung finden. Mangels direktem Kontakt zwischen dem Patient, an dem das Arzneimittel angewendet wird, und dem Apotheker wird ein begründeter Verdacht zwar selten gegeben sein, gleichwohl kann es Fälle des Verdachts auf Arzneimittelmissbrauch geben, in denen die Abgabe verweigert werden muss.

7. Überprüfungspflicht

§ 32 ApBetrO konkretisiert die Überprüfungspflichten des Krankenhausapothekers nach § 14 Abs. 6 ApoG. Die Regelung stellt klar, dass sich die Verpflichtung zur Überprüfung der Arzneimittelvorräte auf alle in den Stationen und den anderen Teileinheiten des Krankenhauses vorrätig gehaltene Arzneimittel erstreckt, also auch dann, wenn dem Krankenhaus ausnahmsweise ein Rettungsdienst[375] angegliedert ist, müssen die Arzneimittelvorräte überprüft werden. Die Überprüfung muss mindestens halbjährlich durchgeführt werden.

§ 32 Abs. 2 ApBetrO sieht, um die ordnungsgemäße Überprüfung gewährleisten zu können, ein Betretungsrecht des überprüfenden Apothekers und seines unterstützenden Personals für die Räume, die der Arzneimittelversorgung dienen, vor. Außerdem haben Krankenhausleitung und das übrige Krankenhauspersonal die Überprüfung zu unterstützen. Die Überprüfungspflicht umfasst auch Arzneimittel, die nicht von der Krankenhausapotheke, sondern von einer anderen Stelle des Krankenhauses beschafft worden sind[376]. Gemäß § 32 Abs. 3 ApBetrO hat der Krankenhausapotheker über die Überprüfung ein Protokoll in dreifacher Ausfertigung zu fertigen. Insbesondere sind dort Mängel und die Maßnahmen, die zur Beseitigung veranlasst worden sind, sowie eine Frist zur Beseitigung eventueller Mängel aufzunehmen.

8. Dienstbereitschaft

Die Krankenhausapotheke nimmt nicht an der allgemeinen Dienstbereitschaft der öffentlichen Apotheke, die in § 23 ApBetrO geregelt ist, teil. Allerdings ist durch den Inhaber der Erlaubnis, also den Träger des Krankenhauses, gemäß § 33 ApBetrO eine die ordnungsgemäße Arzneimittelversorgung des Krankenhauses gewährleistende Dienstbereitschaft sicherzustellen. Es muss sichergestellt

---

375 Regelmäßig gehört ein Rettungsdienst aber nicht zu dem Krankenhaus, sondern wird von anderen Organisationen wie dem Roten Kreuz, dem Arbeitersamariterbund oder den Johannitern betrieben. Die Rettungsdienste beziehen ihre Arzneimittelvorräte in der Regel von öffentlichen Apotheken.

376 Hierzu *Cyran/Rotta*, a.a.O., § 32 Rdnr. 8.

sein, dass benötigte Arzneimittel jederzeit verfügbar sind. Allerdings muss sich während der Dienstbereitschaft der Leiter der Krankenhausapotheke oder eine vertretungsberechtigte Person nicht notwendigerweise in den Betriebsräumen der Krankenhausapotheke aufhalten. Es reicht aus, wenn der Apotheker, der Bereitschaft hat, jederzeit kurzfristig erreichbar ist.

Literaturverzeichnis

Auer, Frieder von, Apotheke und Transfusionsgesetz, DAZ 1998, 3623

Bahrt, Jürgen, Zytostatikaherstellung in der Apotheke

Baumbach, Adolf/Hopt, Klaus, HGB, 31. Aufl. 2003

Bericht der ABDA, Der Bundesapothekerkammer – Arbeitsgemeinschaft deutscher Apotheker-kammern und Deutschen Apothekerverbandes e.V. sowie weiterer Institutionen der Apotheker für den Zeitraum vom 01.07.2003 bis 30.06.2004

Blank, Hubert, in: *Wolfgang Schmidt-Futterer*, Mietrecht, 8. Aufl. 2003

Bornkamm, Joachim, in: *Adolf Baumbach/ Wolfgang Hefermehl*, Wettbewerbsrecht, 23. Aufl. 2004

Braem, Peter, Apothekenübliche Dienstleistungen, Loseblattsammlung

Bub, Wolf-Rüdiger/Treier, Gerhard, Handbuch der Geschäfts- und Wohnraummiete, 3. Aufl. 1999

Bülow, Peter/Ring, Gerhard, Heilmittelwerbegesetz, 3. Aufl. 2005

Burgardt, Claus, Die Kooperation zwischen Arzt und Apotheke, Apotheke & Recht 2005, 124 ff.

Cyran, Walter/Rotta, Christian, Apothekenbetriebsordnung, Stand Januar 2005

Dettling, Heinz-Uwe, Die Betriebserlaubnis des Pächters beim Tod des Verpächters und Erwerb der gepachteten Apotheke durch den Pächter, Apotheke & Recht 2002, 66 ff.

Dettling, Heinz-Uwe, Funktion und Rechtsnatur von Verträgen zur Versorgung von Heimbewohnern mit Arzneimitteln nach § 12a ApoG, Apotheke & Recht 2004, 70 ff.

Dettling, Heinz-Uwe, Abschied von der Präsenzapotheke, DAZ 2003, 2528 ff.

Dettling, Heinz-Uwe, Die internationale Anwendbarkeit des deutschen Arzneimittelrechts, Pharmarecht 2003, 401 ff.

Dettling, Heinz-Uwe, Arzneimittelverkauf oder -versorgung? – Anmerkungen zum Urteil des EuGH in Sachen DocMorris, Pharmarecht 2004, 66 f.

Dettling, Heinz-Uwe/Kieser, Timo, Zur Abgabe von Arzneimitteln an Krankenhausbeschäftigte durch die Krankenhausapotheke, Apotheke & Recht 2003, 59 ff.

Dettling, Heinz-Uwe/Kieser, Timo, Rechtliche Rahmenbedingungen für Apothekenkooperationen, DAZ 2004, 598 ff.

Dettling, Heinz-Uwe/Kieser, Timo, Zur Abgabe von Arzneimitteln an Krankenhausbeschäftigte durch die Krankenhausapotheke, Krankenhaus & Recht 2003, 99 ff.

Dettling, Heinz-Uwe/Kieser, Timo, in: *Herzog, Reinhard/Dettling, Heinz-Uwe/Kieser, Timo/ Spielvogel, Helmut*, Filialapotheken 2004

Dettling, Heinz-Uwe/Lenz, Christofer, Der Arzneimittelvertrieb in der Gesundheitsreform 2003 – Eine apotheken- und verfassungsrechtliche Analyse des GMG-Entwurfs

Doepner, Ulf, Heilmittelwerbegesetz, 2. Aufl. 2000

Geldmacher, Günter, Verbotene Apothekenpacht, DWW 1999, 109

Grunewald, Barbara, in: *Erman, Walter*, BGB, 11. Aufl. 2004

Heinrichs, Helmut, in: *Palandt, Otto*, BGB, 64. Aufl. 2005

Hirsch, Günter, Die „Pille danach", MedR, 1987, 12 ff.

Hohmann, Jörg/Klawonn, Barbara, Das medizinische Versorgungszentrum (MVZ – Die Verträge)

Jaeger, Renate, Informationsanspruch des Patienten und Grenzen der Werbung im Gesundheitswesen, MedR 2003, 263 ff.

Jung, Michael/Tisch, Lutz, Arzneimittel-Versandhandel – Die neuen Regelungen, PZ 2004, 15 ff.

Kieser, Timo, ABC der Apothekenwerbung

Kieser, Timo, Allgemeine Rabattgutscheine für OTC erlaubt, DAZ 2004, 5262 ff.

Kieser, Timo, Diagnostika in der Apotheke, Angebot, Abgabe und Anwendung, Apotheke & Recht 2005, 61 ff.

Kieser, Timo/Leinekugel, Rolf, Die firmen- und kennzeichenrechtliche Behandlung von Filialapotheken und Versandapotheken, Apotheke & Recht 2004, 61 ff.

Kieser, Timo/Leinekugel, Rolf, Die firmen- und kennzeichenrechtliche Behandlung von Filialapotheken und Versandapotheken, DAZ 2004, 737 ff.

Kieser, Timo, Aktuelle Entwicklungen im Heilmittelwerberecht, Arzneimittel & Recht 2006, 1.

Kieser, Timo, Kleines Kreuz mit großer Wirkung? Rechtsprobleme bei aut idem, Apotheke & Recht 2006, 1 ff.

Kieser, Timo, Öffentliche Ausschreibung von Heimversorgungsverträgen, DAZ 2004, 985 ff.

Kieser, Timo, Rabatte beim Kauf apothekenpflichtiger nicht preisgebundener Arzneimittel und Heilmittelwerbegesetz, Pharmarecht 2004, 129 ff.

Kieser, Timo, Rechtsprobleme beim Einzelimport von Arzneimitteln nach § 73 Abs. 3 AMG, Arzneimittel und Recht 2005, 147 ff.

Kieser, Timo, Rezepttransporte durch Boten?, Apotheke & Recht 2004, 90 ff.

Kieser, Timo, Zur Zulässigkeit des Angebots von Dienstleistungen, Waren des Apothekenrandsortiments und freiverkäuflichen Arzneimitteln durch den Apotheker außerhalb der Apothekenbetriebsräume, Apotheke & Recht 2002, 123 ff.

Kloesel, Arno/Cyran, Walter, AMG, Loseblattsammlung

König, Christian/Meurer, Friederike, Das apothekenrechtliche Fremdbesitzverbot auf dem Prüfstand von Verfassungs- und Gemeinschaftsrecht, Apotheke & Recht 2004, 153 ff.

Kunz, Eduard/Butz, Manfred/Wiedemann, Edgar, Heimgesetz, 10. Aufl. 2004

Lindenau, Lars, Medizinische Versorgungszentren – Gesetzesanspruch und Zulassungswirklichkeit – Vorschläge zur Änderung von § 95 SGB V, Gesundheitsrecht 2005, 494 ff.

Mack, Nando, Die Abgabebefugnis der Krankenhausapotheke nach dem GKV-Modernisierungsgesetz, Apotheke & Recht 2003, 154 ff.

Mand, Elmar, Internationaler Versandhandel mit Arzneimitteln – Das Ende der einheitlichen Apothekenverkaufspreise gemäß AMPreisV?, GRURInt 2005, 637 ff.

Mecking, Bettina, Neuregelung beim Mehrbesitz und beim Versandhandel, AWA, 01.01.2004, 8

Meyer, Hilko, Die neue Aut-idem-Regelung, DAZ 2003, 5481 ff.

Meyer, Hilko, Die neuen Preis- und Spannenvorschriften, DAZ 2003, 5593 ff.

Meyer, Hilko, Die Freigabe des begrenzten Mehrbesitzes, DAZ 2004, 865

Meyer, Hilko, Urteilsanmerkung zum EuGH-Urteil vom 21.04.2005, Arzneimittel & Recht 2005, 82 ff.

Möller, Mirko, Werbung mit Zuzahlungsverzicht – ein wettbewerbsrechtliches Problem?, WRP 2004, 530 ff.

Müller-Bohn, Thomas, Verwechselte Arzneimittelnamen – Ein Sicherheitsrisiko, DAZ 2005, 4793 ff.

Pelchen, Georg, in: *Erbs, Georg/Kohlhaas, Georg/Pelchen, Georg*, Strafrechtliche Nebengesetze, Stand: August 2004

Pfeil, Dieter/Pieck, Johannes/Blume, Henning, Apothekenbetriebsordnung Loseblattsammlung

Pieck, Johannes, Versorgungsverträge mit Heimträgern, DAZ 2003, 3529 ff.

Pieck, Johannes, Die aktuelle Rechtslage bei Rezeptsammelstellen, PZ 1973, 1599

Preuschhoff, Arndt/Tisch, Lutz, Versorgung von Heimbewohnern, PZ 2003, 672 ff.

Räth, Ulrich/Herzog, Reinhard/Rehborn, Martin, Heimversorgung und Apotheke, 2003

Roberts, Julian/Riegraf, Alexander, Preisfindung für einzelimportierte Arzneimittel in der gesetzlichen Krankenversicherung, Apotheke & Recht 2005, 1 ff.

Rotta, Christian, Keine Privilegierung von Zweitapotheken, DAZ 2005, 2068

Saalfrank, Valentin, Vermietung von Apothekenräumen, DAZ 2002, 647 ff.

Saalfrank, Valentin, Mieten und Vermieten von Apothekenräumen, 2000

Sander, Gerald, Verfassungsrechtliche und europarechtliche Bewertung der Neuregelungen zum Versandhandel, Apotheke & Recht 2004, 44 ff.

Schade, Hans-Joachim, Apotheker als Mitgesellschafter fachübergreifender medizinischer Versorgungszentren, Apotheke & Recht 2004, 18 ff.

Schiedermair, Rudolf/Pieck, Johannes, Apothekengesetz, 3. Aufl. 1981

Schmelz, Karl-Joachim, Verfassungswidrigkeit der Vorschriften über „Rezeptsammelstellen", NJW 1984, 633 ff.

Spegg, Horst, Apothekenbesichtigung, Loseblattsammlung

Starck, Christian, Die Vereinbarkeit des apothekenrechtlichen Fremd- und Mehrbesitzverbotes mit den verfassungsrechtlichen Grundrechten und dem gemeinschaftlichen Niederlassungsrecht, 1999

Sucker, Kirsten, Der Pharmazierat darf unangemeldet kommen, DAZ 2004, 1214 f.

Stoll, Veit, Das Publikumswerbeverbot für verschreibungspflichtige Arzneimittel – erste Anzeichen einer Auflockerung, Pharmarecht 2004, 100 ff.

Taupitz, Jochen, Das apothekenrechtliche Verbot des Fremd- und Mehrbesitzes aus verfassungs- und europarechtlicher Sicht, 1998

Taupitz, Jochen/Schelling, Holger, Das apothekenrechtliche Verbot des „Mehrbesitzes" – auf ewig verfassungsfest?, NJW 1999, 1751 ff.

Tettinger, Peter/Wank, Rolf, Gewerbeordnung (GewO), 7. Aufl. 2004

Tisch, Lutz, Neuregelung der Krankenhausversorgung, PZ 2005, 2193 ff.

Voit, Wolfgang, Versandhandel mit Arzneimitteln aus zivilrechtlicher Sicht, Apotheke & Recht 2004, 53 ff.

Wigge, Peter, Medizinisches Versorgungszentrum nach dem GMG, MedR 2004, 123 ff.

Wigge, Peter/Kleinke, Sören, Kooperative Berufsausübung zwischen Apothekern und anderen Gesundheitsberufen, MedR 2002, 301 ff.

Zuck, Rüdiger/Lenz, Christofer, Der Apotheker in seiner Apotheke, 1999

Zerres, Carl Stefan, Apothekenrecht Kompakt, 2002

Sachregister